Inge Krämer-Kılıç (Hrsg.)
Tina Albers
Afra Kiehl-Will
Silke Lühmann

Gemeinsam
besser unterrichten

Teamteaching
im inklusiven Klassenzimmer

Verlag an der Ruhr

IMPRESSUM

Titel
Ratgeber Inklusion
Gemeinsam besser unterrichten
Teamteaching im inklusiven Klassenzimmer

Autoren
Inge Krämer-Kılıç (Hrsg.)
Tina Albers
Afra Kiehl-Will
Silke Lühmann

Titelbildmotiv
© Photodesign Marion Ott

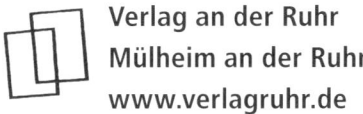

Verlag an der Ruhr
Mülheim an der Ruhr
www.verlagruhr.de

Geeignet für die Klassen 1 – 10

Unser Beitrag zum Umweltschutz:
Wir sind seit 2008 ein ÖKOPROFIT®-Betrieb und setzen uns damit aktiv für den Umweltschutz ein. Das ÖKOPROFIT®-Projekt unterstützt Betriebe dabei, die Umwelt durch nachhaltiges Wirtschaften zu entlasten. Unsere Produkte sind grundsätzlich auf chlorfrei gebleichtes und nach Umweltschutzstandards zertifiziertes Papier gedruckt.

Urheberrechtlicher Hinweis:
Das Werk und seine Teile sind urheberrechtlich geschützt. Jede Verwendung in anderen als den gesetzlich zugelassenen Fällen bedarf der vorherigen schriftlichen Einwilligung des Verlages. Im Werk vorhandene Kopiervorlagen dürfen vervielfältigt werden, allerdings nur für jeden Schüler der eigenen Klasse/des eigenen Kurses. Die dazu notwendigen Informationen (Buchtitel, Verlag und Autor) haben wir für Sie als Service bereits mit eingedruckt. Diese Angaben dürfen weder verändert noch entfernt werden. Die Weitergabe von Kopiervorlagen oder Kopien (auch von Ihnen veränderte) an Kollegen, Eltern oder Schüler anderer Klassen/Kurse ist nicht gestattet. Der Verlag untersagt ausdrücklich das Herstellen von digitalen Kopien, das digitale Speichern und Zurverfügungstellen dieser Materialien in Netzwerken (das gilt auch für Intranets von Schulen und sonstigen Bildungseinrichtungen), per E-Mail, Internet oder sonstigen elektronischen Medien außerhalb der gesetzlichen Grenzen. Kein Verleih. Keine gewerbliche Nutzung. Zuwiderhandlungen werden zivil- und strafrechtlich verfolgt.
Bitte beachten Sie die Informationen unter www.schulbuchkopie.de.

Trotz sorgfältiger inhaltlicher Kontrolle kann keine Haftung für die Inhalte externer Seiten, auf die mittels eines Links verwiesen wird, übernommen werden. Für den Inhalt der verlinkten Seiten sind ausschließlich deren Betreiber verantwortlich.

© Verlag an der Ruhr 2014
ISBN 978-3-8346-2510-6

Printed in Germany

INHALTSVERZEICHNIS

5 | Vorwort

    5 | UNTERRICHTEN IN EINEM TEAM – LAST ODER CHANCE?
    7 | ZUM AUFBAU DES BUCHES

1 Grundlagen des gemeinsamen Unterrichts

10 | KOOPERATION IN DER SCHULE
    10 | Ebenen der Teamarbeit
    12 | Begrifflichkeiten und Ziele
    15 | Chancen der Teamarbeit
    16 | Gelingensbedingungen
    17 | Formen der Zusammenarbeit
    19 | Entwicklung im Team
    23 | Wege zum Team
    25 | Aufgabenverteilung

28 | UMGANG MIT ZEIT – GEMEINSAM STRUKTUREN FÜR DAS TEAM ENTWICKELN
30 | STUNDENPLANUNG GEZIELT ANGEHEN
34 | FAZIT

2 Der Klassenraum – ein bewusst gestalteter Arbeits- und Lernraum

36 | KLASSENRAUMGESTALTUNG: FOKUS LEHRER
    37 | Allgemeine Überlegungen
    40 | Persönlicher Wohlfühlfaktor

43 | KLASSENRAUMGESTALTUNG: FOKUS SCHÜLER
    44 | Ein Raum für guten Unterricht nützt allen Schü ern
    46 | Differenziertes und individualisiertes Lernen in inklusiven Klassen – Anforderungen an den Raum
    49 | Besonderheiten der Lerngruppe beachten

3 Differenzierten Grundschulunterricht im Team erfolgreich gestalten

54 | GRUNDLAGEN DER DIFFERENZIERUNG IM GRUNDSCHULUNTERRICHT
    55 | Innere Differenzierung
    63 | Äußere Differenzierung
    65 | Positive Erfahrungen in der Unterrichtsplanung

INHALTSVERZEICHNIS

67 | BEST-PRACTICE-BEISPIELE FÜR DIFFERENZIERTE UNTERRICHTSVORBEREITUNG
       69 | Erfahrungen in der Materialnutzung und -erstellung
       73 | Stundeneinstieg, Arbeitsphase und Ergebnissicherung im Team

76 | FAZIT

4 Differenzierten Unterricht in der Sekundarstufe I im Team erfolgreich gestalten

78 | BESONDERHEITEN UND ERFAHRUNGEN BEI DER UNTERRICHTSPLANUNG
       80 | Gelingensbedingungen für die Teamarbeit in der Sekundarstufe
       85 | Fazit

86 | BEISPIELE AUS DEM DEUTSCHUNTERRICHT
       86 | Kompetenzbereich Lesen – mit Texten umgehen
       90 | Kompetenzbereich Schreiben

93 | BEISPIELE AUS DEM NATURWISSENSCHAFTLICHEN UNTERRICHT
95 | GRUNDSÄTZE FÜR EINEN INKLUSIVEN MATHEMATIKUNTERRICHT
97 | BEISPIELE FÜR DEN EINSATZ VON LEHRKRÄFTEN IM KLASSEN- UND JAHRGANGS-ÜBERGREIFENDEN UNTERRICHT
       98 | Förderschwerpunkt Geistige Entwicklung
       99 | Förderschwerpunkt Lernen
       100 | Fazit

5 Konflikte im Team gemeinsam lösen

102 | TYPISCHE AUSLÖSER FÜR KONFLIKTE IN PÄDAGOGENTEAMS
107 | STRATEGIEN UND HILFESTELLUNGEN FÜR SACHBEZOGENE KOMMUNIKATION
       109 | Haltung bei schwierigen Gesprächen im Team

109 | TEAMKONFLIKTE GEMEINSAM PROFESSIONELL BEARBEITEN
       114 | Ein Team trennt sich – Kriterien und Entscheidungshilfen
       116 | Fazit

118 | QUELLENVERZEICHNIS UND MEDIENTIPPS

VORWORT
(Inge Krämer-Kılıç)

LIEBE LESER*,

Wenn Sie zu diesem Ratgeber greifen, dann stehen Sie wahrscheinlich akut oder zukünftig vor der Herausforderung, Ihren Unterricht im inklusiven Klassenzimmer im Team zu bestreiten. Und wahrscheinlich ist die Situation für Sie neu und ungewohnt. Ob Sie nun aus der Regelschule oder aus der Förderschule kommen – dieser Ratgeber liefert Ihnen anhand zahlreicher Beispiele aus der Praxis und mithilfe von Organisationshilfen zum Download  umfangreiche, praxisbewährte Informationen und Strategien, um die anstehende Teamarbeit im Alltag möglichst konstruktiv zu gestalten und alle Potenziale auszuschöpfen.

Alle Downloadvorlagen finden Sie unter dem im Impressum (S. 2) angegebenen Link.

UNTERRICHTEN IN EINEM TEAM – LAST ODER CHANCE?

In Deutschland sind Lehrkräfte herkömmlich **Einzelkämpfer**. Viele sind es gewohnt, allein vor einer Klasse zu stehen und diese mit dem von ihnen bevorzugten Unterrichtsstil und Methodenrepertoire zu unterrichten.

Das hat gewisse Vorteile. Die Anwesenheit einer einzelnen Lehrkraft kann für Konstanz und Konsequenz im Klassenzimmer sorgen. Die Planung erfolgt ohne großen organisatorischen Aufwand und spontane Überlegungen lassen sich umgehend umsetzen.

Außerdem hat die geschlossene Klassentür für den Unterrichtenden zur Folge, dass er „sein Ding machen kann" und sich nicht kontrolliert fühlt.

Nun ist jedoch strukturell einiges im Umbruch. Das gemeinsame Unterrichten gewinnt immer mehr an Bedeutung:

Schon im Zusammenhang mit der Gründung von **Gesamtschulen** in den 1970er-Jahren entwickelte sich ein verändertes berufliches Handlungsfeld.

---

* Aus Gründen der besseren Lesbarkeit haben wir in diesem Buch durchgehend die männliche Form verwendet. Natürlich sind damit auch immer Frauen gemeint, also Erzieherinnen, Pädagoginnen und Fachanleiterinnen etc.

VORWORT

Dieses ergab sich aus der großen **Heterogenität** der Lerngruppen. Die **gemeinsame Klassenführung** durch zwei Erwachsene und die Aufgabe einer **Binnendifferenzierung** im Unterricht gehören bis heute zu den beruflichen Anforderungen eines Gesamtschullehrers.

Weitere, drängende Veränderungen für das berufliche Handlungsfeld von Lehrkräften ergeben sich durch die Ratifizierung der **UN-Konvention über die Rechte von Menschen mit Behinderungen** durch die Bundesregierung im März 2009. Infolge dieses völkerrechtlichen Vertrags werden Schüler mit sonderpädagogischem Förderbedarf an Regelschulen unterrichtet. Damit steigt die Heterogenität der Lerngruppen weiter an und auch die Anforderungen an die Pädagogen im Klassenzimmer verändern sich somit erheblich. Die Führung und Unterrichtung einer solchen inklusiven Lerngruppe gelingt optimal nur durch die **enge Zusammenarbeit von Regelschullehrkräften und Förderschullehrkräften** im Unterricht, die ihr **Know-how** und ihre **Vorstellungen** konstruktiv zusammenbringen. Zwei Lehrkräfte **unterrichten gemeinsam** eine extrem heterogene Lerngruppe, **bereiten gemeinsam vor** und **führen** den Unterricht auch **gemeinsam durch**.

Langfristig muss sich dies auch massiv in der Ausbildung von Lehrkräften aller Schulformen niederschlagen und Regelschulstudium und Sonderpädagogik müssen neu gedacht werden.

Die Schulgesetzgebung in den deutschen Bundesländern wurde als Folge dieser internationalen Konvention angepasst. In vielen Bundesländern werden Förderschulen weitgehend aufgelöst. Das bedeutet, dass Schüler mit Besonderheiten hinsichtlich Lernen, Verhalten oder Sprache und weiteren Förderschwerpunkten die Regelschule im Einzugsbereich ihres Wohnortes besuchen. Die Förderschullehrkräfte arbeiten ebenfalls an den Regelschulen und bringen hier ihre Kompetenzen ein. Durch diese strukturellen Umwälzungen verändert sich das pädagogische Handlungsfeld für alle beteiligten Pädagogen erheblich. Die **Fähigkeit zur professionellen Zusammenarbeit** im Klassenraum wird zu einer **Schlüsselqualifikation**. Die gemeinsame Führung und Unterrichtung heterogener Lerngruppen wird das pädagogische Handeln von Lehrern zukünftig immer mehr bestimmen.

Schon jetzt findet das Thema **Kooperationskompetenz** zunehmend Eingang in die Ausbildung. Der Auftrag zukünftiger Lehrergenerationen besteht darin, **Teamarbeit als Chance zu begreifen**, sich professionelles Know-how für die Umsetzung anzueignen und geduldig die Weiterentwicklung im eigenen Team zu gestalten. Die Öffnung des Klassenzimmers ist eine Chance zur Optimierung.

VORWORT

Ein gut funktionierendes Pädagogenteam ballt nicht nur Know-how, Erfahrungen und Kompetenzen, sondern es eröffnet sich auch die Möglichkeit, mal die Perspektive zu wechseln und sich inspirieren zu lassen. Es kann die einzelnen Schüler optimal fordern, fördern und im Blick behalten und den Kontakt nach außen, also die Arbeit mit Eltern und im schulischen Netzwerk, intensiv pflegen.

Dass die Realität diesem Ideal nicht immer gerecht wird, dass immer wieder auch mit Reibungen, Missverständnissen und Mehrarbeit zu rechnen ist, soll an dieser Stelle nicht schöngeredet werden. Aber damit Sie Ihre **Teamarbeit auf den bestmöglichen Weg** bringen und in Problemfällen schnell konstruktive Lösungen finden können, bündelt dieser Ratgeber zahlreiche praktische Informationen über die fachlichen **Grundlagen für die Unterrichtsplanung und -durchführung im Pädagogenteam** für Sie.

ZUM AUFBAU DES BUCHES

> Im **ersten Kapitel** wird erst einmal die Basis für unser Thema geschaffen. Hier finden Sie aktuelle **Grundlagen für die Teamarbeit an sich** und für die **Kooperation von zwei Lehrkräften**. Sie lernen bewährte **Organisationsformen** kennen, wie zwei Pädagogen in einem Klassenraum gemeinsam unterrichten können. Mögliche **Aufgabenverteilungen**, Informationen zur **Entwicklung** im Team und Hinweise zur **zeitlichen und strukturellen Ausgestaltung** des Alltags sind ebenfalls hier zu finden.
> Die Zusammenarbeit von Fach- und Förderschullehrkräften im Unterricht erfordert auch räumlich einen klar definierten, nicht zu unterschätzenden Rahmen. Die **Gestaltung von Lernräumen** ist darum zentraler Inhalt des **zweiten Kapitels**.
> Nach diesen allgemeinen Informationen dreht sich dann alles um die Unterrichtsgestaltung. Wie **differenzierter Unterricht** für die **Grundschule** gemeinsam geplant und durchgeführt werden kann, das wird im **dritten Kapitel** erläutert, das Ihnen anhand von Best-Practice-Beispielen Möglichkeiten und Potenziale aufzeigt.

>> Für Schulen der **Sekundarstufe** ergeben sich bezogen auf die Teamarbeit und Differenzierung andere Notwendigkeiten in der Zusammenarbeit. Die Schere im Leistungsniveau der Jugendlichen geht weit auseinander. Eine besondere Herausforderung für die Gestaltung der Teamarbeit besteht hier darin, dass verschiedene Fachlehrer eine Lerngruppe unterrichten. Im **vierten Kapitel** werden dementsprechend **Problemdarstellungen und Lösungsansätze** auf methodischer Ebene und im Hinblick auf Sozialformen beschrieben. Die **praktischen Unterrichtsbeispiele** in diesem Kapitel beziehen sich auf den Deutsch- und Mathematikunterricht, den naturwissenschaftlichen Unterricht sowie den klassen- und jahrgangsübergreifenden Unterricht an einer Gesamtschule. Letzterer zeigt noch einmal weitere Potenziale der Teamarbeit auf.

>> Keine Angst vor Konflikten! Sie gehören zum Alltag der Teamarbeit in der Schule. Im **fünften Kapitel** werden Sie für **Entstehungsbedingungen von Teamkonflikten,** gerade in der in diesem Ratgeber im Vordergrund stehenden Konstellation, sensibilisiert. Checklisten helfen Ihnen, zu identifizieren, welche **Konflikttypen in Ihrem Team** zusammengekommen sind. Sie können Ihre fachlichen Kenntnisse über sachbezogene **Kommunikation in Konfliktsituationen** auffrischen und lernen verschiedene Arbeitsinstrumente zur konstruktiven **Lösung** im Sinne aller Beteiligten kennen. Abschließend erhalten Sie Kriterien und Entscheidungshilfen dafür, wann ein Team sich doch besser trennen sollte.

Viele neue Erkenntnisse bei der Lektüre und eine konstruktive Teamarbeit wünscht das Autorinnenteam!

GRUNDLAGEN DES GEMEINSAMEN UNTERRICHTS (AFRA KIEHL-WILL, INGE KRÄMER-KILIÇ)

1

KOOPERATION IN DER SCHULE
(Afra Kiehl-Will)

Durch die Einführung der inklusiven Schule nimmt die **Heterogenität der Lerngruppen aller Schulformen** erheblich zu. Immer mehr Kinder und Jugendliche mit einem Bedarf an sonderpädagogischer Unterstützung besuchen die Regelschule. Der Fokus der Lehrkräfte richtet sich mehr und mehr auf Verschiedenheit und Individualität. Diese Tatsache begründet immer dringendere Ansprüche an ein inner- und auch außerschulisches Netzwerk sowie einen differenzierten, individuell an den Lernvoraussetzungen jedes Einzelnen orientierten Unterricht.
Bevor auf den Hauptgegenstand dieses Buches, nämlich die Zusammenarbeit zwischen Regel- und Förderschulpädagogen, näher eingegangen wird, soll kurz skizziert werden, was der Schule in größerem Rahmen an Teamarbeit abverlangt wird.

EBENEN DER TEAMARBEIT

Kooperationsnotwendigkeiten ergeben sich für Schulen auf verschiedenen Ebenen:
- Kooperation der Schule mit **außerschulischen Einrichtungen** (z. B. Stadt, Stadtteil, Region, therapeutischen Einrichtungen, Polizei, Jugendhilfe, Wirtschaft)
- Kooperation **in der Schule**
- Kooperation im **gemeinsamen Unterricht**

Kooperation nach außen

Inklusive Schulen sind offene Schulen, die mit Institutionen in der Gemeinde oder im Stadtteil zusammenarbeiten.
So erleichtert beispielsweise eine Kooperation mit den Wirtschaftsunternehmen vor Ort die Integration von Schülern in Ausbildungsverhältnisse und hilft, den Übergang förderlich zu gestalten. Eine Zusammenarbeit mit psychologischen Diensten oder dem Jugendamt hilft in Fällen, wo Schüler psychisch oder auch strukturell weitergehende Unterstützung benötigen. Therapeutische Kräfte, wie z. B. Physio- und Ergotherapeuten oder Logopäden, sind bereits in vielen Schulen präsent und ergänzen die individuelle Förderung von Schülern sinnvoll. Die Polizei kann aufklärend wirken.

Kooperation als Schulentwicklungsaufgabe

In fast allen Schulen gibt es bereits Teamstrukturen mit unterschiedlicher Intensität in der Kooperation. Lehrkräfte arbeiten auf verschiedenen Ebenen mit ihren Kollegen zusammen und diese Arbeit wird oft als erfolgreich erlebt. Beispiele für möglicherweise bereits vertraute Kooperationsformen sind die Arbeit in:

- Schulleitungsteams
- Jahrgangsteams
- Arbeitsgemeinschaften
- Fachgruppen, -konferenzen
- Steuergruppen (zur Steuerung der Schulentwicklung)
- klassenübergreifenden Projekten
- sozialpädagogischen Teams
- Beratungsteams (z. B. Beratungslehrer, Sozialpädagogen …)
- kollegialer Beratung und Supervision
- kollegialer Hospitation und Reflexion

Die **Intensität der Zusammenarbeit** unterscheidet sich sowohl qualitativ als auch quantitativ. Insbesondere die beiden letztgenannten Formen verlangen ein gesteigertes Maß an kooperativen Fähigkeiten und sind in besonderer Weise abhängig von den Strukturen einer Schule.

Teamförderliche Strukturen, wie z. B. Angebote zur Konfliktmoderation, zur kollegialen Fallberatung oder die Einrichtung fester Planungszeiten für die unterschiedlichen Teams, erleichtern die Zusammenarbeit.

Kooperation im Unterricht

Es wurde im Vorwort bereits erwähnt: Allzu lange wurde der Unterricht einer einzelnen Lehrkraft hinter verschlossenen Türen als alleinige Unterrichtspraxis angesehen. Viele müssen erst lernen, sich gegenüber Kollegen zu öffnen und Unterrichtsverantwortung zu teilen. Deshalb stellt das gemeinsame Unterrichten höchste Ansprüche an ihre Fähigkeiten. Nicht ohne Grund kann man feststellen:

„Je näher man dem Unterricht kommt, desto weniger wird zusammengearbeitet."

— (Quelle: WERNING/ARNDT, 2013. S. 13)

Förderliche Strukturen für eine Zusammenarbeit im Unterricht müssen nach und nach aufgebaut werden. Dazu gehören z. B. **verbindliche Anwesenheitszeiten** für Lehrkräfte in der Schule außerhalb des Unterrichts und die Vereinbarung **verbindlicher gemeinsamer Planungszeiten**. Schulleitungen sollten „Motoren" für diese notwendigen strukturellen Veränderungen sein und Verantwortung für Prozesse der Teamentwicklung übernehmen.

Ängste und Befürchtungen bestehen u. a. vor unterschiedlichen pädagogischen Standpunkten, vor Bevormundung oder Kontrolle durch die andere Lehrkraft und vor dem Verlust der Eigenständigkeit und der pädagogischen Freiheit. Ob die eigene Fachkompetenz wirklich ausreichend ist für das Unterrichten im Team, ist eine weit verbreitete, insgeheime Sorge. Vor dem Hintergrund solcher Unsicherheiten ist es umso wichtiger, im Team intensive Absprachen für die **Planung**, den **Unterricht** selbst und für die **Nachbereitung** zu treffen, in denen auch Zweifel und Fragen ihren Platz haben. Eingebettet in ein eigenes Konzept zur Zusammenarbeit, das die Verteilung von Aufgabenbereichen und Zuständigkeiten regelt, wird die Zusammenarbeit dadurch entlastet.

Tipps

Zeitfenster schaffen
- Verankerung einer Teamstunde im Stundenplan (alle Teammitglieder haben dann keinen Unterricht und werden auch nicht für Vertretungsstunden eingeplant)
- gemeinsame langfristige Unterrichtsplanung von Einheiten, Projekten, Vorhaben
- kurzfristige Infos und Absprachen per E-Mail oder Telefon

BEGRIFFLICHKEITEN UND ZIELE

Kommen wir nun zu der Zusammenarbeit von zwei Lehrkräften im Klassenzimmer. Allein die doppelte Anwesenheit macht noch keine gelungene Teamarbeit aus. Damit der gemeinsame Unterricht tatsächlich kooperativ entwickelt werden kann, sind **Maßnahmen zur Strukturierung und Zielorientierung** der Teamarbeit notwendig.

GRUNDLAGEN DES GEMEINSAMEN UNTERRICHTS

Spontane Sympathie oder persönliche Freundschaft gestalten die Anfänge einer Teamzusammenarbeit zwar einfach, die **Entwicklung professioneller Strukturen** wird in diesem Kontext jedoch leicht versäumt. In der späteren Zusammenarbeit besteht dann die Gefahr der „Versandung im Kaffeeklatsch".

Erst recht besteht Handlungsbedarf, wenn die Mitglieder des Teams zu Beginn stark konkurrieren.

Die im vorliegenden Buch enthaltenen Ratschläge sollen ein Team möglichst schnell effektiv und handlungsfähig machen – auch dann, wenn der gemeinsame Unterricht beider Pädagogen nur ein begrenztes Maß an wöchentlichen Schulstunden umfasst.

„Von einem gemeinsamen Unterrichten in einem Lehrerteam kann dann gesprochen werden, wenn mindestens zwei Lehrkräfte den Unterricht für eine Gruppe von Schülerinnen und Schülern mit unterschiedlichen Fähigkeiten und Bedürfnissen in einem gemeinsamen Klassenraum gemeinsam planen, gemeinsam durchführen und gemeinsam bewerten."

— (Quelle: MURAWSKI, S. 23, übersetzt zitiert nach SCHWAGER, 2011, S. 2)

Insbesondere der Aspekt der **gemeinsam getragenen Verantwortung** verdient hier Beachtung. In der Vergangenheit wurden Verantwortlichkeiten häufig geteilt in „meine" und „deine" Schüler. Je nachdem, ob Förderbedarf bestand oder nicht, war die Förderschullehrkraft oder die Regelschullehrkraft zuständig.

Gemeinsam getragene Verantwortung dagegen zeigt sich beispielsweise in wechselseitig übernommenen Rollen im Unterricht. Sie schließt aber keinesfalls die Verteilung von Aufgaben im Team aus. Besondere Ressourcen und Vorlieben der Beteiligten können und sollen in die Zusammenarbeit eingebracht werden und bereichern das Teamprofil.

Erfolgreiche Zusammenarbeit
- Alle Beteiligten tragen gemeinsam die Verantwortung. Das entlastet jeden Einzelnen!
- Jede Lehrkraft bringt ihre Stärken und Expertisen ein.
- Die Zusammenarbeit ist ein Vorbild für die Lernenden.

Ziel einer so verstandenen Zusammenarbeit ist es, das kompetenzorientierte schulische Lernen aller Schüler einer Lerngruppe zu ermöglichen.

Gute Teams

Was macht ein gutes Team aus? Handelt es sich dabei um eine homogene Gruppe, deren Mitglieder ähnliche Auffassungen und Grundsätze haben und die deshalb zu guten Ergebnissen gelangen?
Nein. Die Basis solcher homogenen Teams ist recht schmal, da sie zwar durch Sympathie gute Grundvoraussetzungen zur Kooperation aufweisen mögen, ihnen jedoch die **Dynamik** fehlt, die sich vor allem **aus heterogenen Positionen** entwickeln kann. Gerade diese Dynamik ist es, durch die ein Team besonders leistungsstark werden kann. In der Auseinandersetzung liegt das Potenzial für kreative und weiterführende Lösungen, wenn die Teams zusätzlich über Konfliktlösungsstrategien verfügen, um dieses Potenzial auch nutzen zu können (vgl. WESTER, 2009).
Außerdem besteht bei homogenen Teams die Gefahr, dass sie die Notwendigkeit zur Erarbeitung professioneller Strukturen erst erkennen, wenn Schwierigkeiten auftauchen. Die Erarbeitung solcher Strukturen wird dann allerdings schwieriger, weil sich Verhaltensweisen und Rituale bereits etabliert haben und einen konstruktiven Prozess behindern.

WESTER definiert (in Anlehnung an SCHLEY, 1998, S. 115 f. und FRANCIS/YOUNG, 2012, S. 18 f.) gute Teams darüber, dass sie
- *„eine gemeinsame Leistung anstreben,*
- *ein Verständnis vom Ziel haben,*
- *eine Dynamik der Zusammenarbeit entwickeln,*
- *sich eine Struktur geben*
- *und ein Klima des konstruktiven Miteinanders entwickeln."*

Die Teambotschaft lautet seinen Ausführungen nach:
*„Du bist o.k., ich bin o.k., **gemeinsam können wir über uns hinauswachsen.**"*

Gute Teams
- gehen wertschätzend miteinander um,
- vertrauen sich gegenseitig,
- können sich aufeinander verlassen,
- haben gemeinsame Ziele,
- teilen sich die Arbeit auf,
- nehmen sich regelmäßig Zeit für die Absprache,
- haben manchmal unterschiedliche Ansichten,
- können Konflikte austragen,
- kommunizieren miteinander, nicht übereinander,
- haben Spaß an ihrer Arbeit.

CHANCEN DER TEAMARBEIT

In der gemeinsamen Arbeit mehrerer Lehrkräfte liegen große Chancen. Wer sich auf kooperative Unterrichtsgestaltung wirklich einlässt, kann von dieser Zusammenarbeit sehr profitieren.

Die Lehrpersonen erfahren **Unterstützung und Entlastung**, indem sie die Verantwortung nicht mehr allein tragen müssen. Durch den ständigen Austausch und die Reflexion des unterrichtlichen Handelns erweitern sie ihre professionellen Handlungskompetenzen und somit ihr berufliches Profil. Studien belegen, dass regelmäßig im Team arbeitende Lehrkräfte nicht nur zufriedener, sondern auch **erfolgreicher arbeiten** (vgl. WERNING, 2012).

Auch die **Lernenden profitieren** von einer strukturierten Zusammenarbeit mehrerer Lehrkräfte. Sie werden in der Regel differenzierter gefördert und gefordert, erhalten mehr Aufmerksamkeit und haben die Wahl, zu welcher Person sie eine stärkere Beziehung aufbauen wollen (vgl. SCHWAGER, 2011). Hinzu kommt die Vorbildfunktion, die ein gut funktionierendes Lehrerteam für die Kooperation der Lernenden hat. Schüler erleben so ganz konkret, wie eine gelungene Zusammenarbeit aussieht und welche Konsequenzen sie für die Unterrichtsgestaltung hat, denn in der Regel wird der Unterricht auch interessanter und abwechslungsreicher (vgl. ebenda.).

GELINGENSBEDINGUNGEN

Teamarbeit im Unterricht ist ein komplexes Geschehen, dessen Gelingen von unterschiedlichen Faktoren abhängt. Nicht alle sind beeinflussbar. Damit Zusammenarbeit gelingen kann, ist ein **Minimalkonsens** erforderlich.

Zum Minimalkonsens gehören

- generelle Bereitschaft zur Zusammenarbeit,
- Einverständnis hinsichtlich der Einschränkung von Autonomie,
- Zeit.

Obwohl diese Elemente banal und selbstverständlich wirken, sind sie das **Fundament einer gelingenden Teamarbeit.**
Zusammenarbeit kann nur gelingen, wenn die Beteiligten über kommunikative Kompetenzen verfügen und bereit sind, Konflikte sachorientiert zu bearbeiten. Das stellt die Lehrkräfte häufig vor ungewohnte Anforderungen.

Dies sind nur einige Aspekte. Die folgende Tabelle verschafft einen Überblick über die verschiedenen Ebenen und die jeweiligen relevanten Aspekte. Sie kann als Orientierung für die Entwicklung schuleigener Konzepte zur Etablierung von Teamstrukturen herangezogen werden. Außerdem ist sie ein Hilfsmittel, das bei der Analyse schwieriger Kooperationsprozesse angewendet werden kann (vgl. Kapitel 5).

Ebenen	relevante Aspekte
Sache	- fachliche Kenntnisse - gemeinsame Verantwortungsübernahme - klare Kompetenzen - Werte und Normen - Erziehungsstile - Förderpläne - Ausbalancierung des pädagogischen Anspruchs von „generalisierenden" Fachlehrkräften und „spezifizierenden" Förderschullehrkräften

Beziehung	⮕ ähnliche *oder* ⮕ sich gegenseitig ergänzende *oder* ⮕ sich wechselseitig akzeptierende pädagogische Vorstellungen ⮕ gegenseitiges Vertrauen, Wertschätzung ⮕ Erwartungen werden bekannt gegeben ⮕ Bereitschaft zur Bearbeitung von Konflikten ⮕ Feedbackkultur
Organisation	⮕ Zeitstruktur ⮕ Räumlichkeiten ⮕ Regelmäßigkeiten (z. B. für gemeinsame Planungszeiten) ⮕ Regeln für Teambesprechungen ⮕ Angebote für Konfliktmoderation ⮕ gemeinsame Weiterbildung
Persönlichkeit	⮕ Grundhaltung: Zusammenarbeit = Bereicherung ⮕ Offenheit und Flexibilität bzgl. kurzfristiger Änderungen des Unterrichtsverlaufs ⮕ Kommunikationsfähigkeit ⮕ Empathie ⮕ Kritikfähigkeit ⮕ Veränderungsbereitschaft

FORMEN DER ZUSAMMENARBEIT

Unterschiedliche Formen des gemeinsamen Unterrichtens sind möglich. Jede davon hat ihre Berechtigung für bestimmte Inhalte, Lerngruppen und Lehrkräfte. Gelingende Teamarbeit lebt auch von einem **Wechsel** ebendieser Formen.

Im **Download 1.1, Formen der Zusammenarbeit** finden Sie ein Arbeitswerkzeug, das Ihnen im Team bei der Entscheidungsfindung für bestimmte Organisationsformen in Ihrem Unterricht hilft.

Form	Beschreibung	Einsatz
Lehrkraft und Beobachter	Während eine Lehrkraft beobachtet, übernimmt die andere die primäre Unterrichtsverantwortung.	⊃ zur detaillierten Erfassung des Lernprozesses ⊃ zur Klärung individuellen Schülerverhaltens ⊃ zur Erfassung besonderer Gruppenprozesse ⊃ zur Klärung spezifischer Lernbarrieren
Lehrkraft und Assistenz	Eine Lehrkraft übernimmt die primäre Unterrichtsverantwortung, während die andere einzelne Schüler unterstützt.	⊃ wenn eine Lehrkraft besondere Expertise für die Unterrichtseinheit hat ⊃ in Unterrichtseinheiten, die besonderes Vorankommen und eine intensive Überwachung des Lernprozesses verlangen ⊃ in Phasen, in denen einzelne Schüler besondere Hilfe durch die Lehrkraft benötigen
Parallelunterricht	Jede Lehrkraft unterrichtet eine Klassenhälfte mit demselben Inhalt.	⊃ um durch geringeren Schüler-Lehrer-Schlüssel Schüler im Lernprozess besser unterstützen zu können ⊃ um die Beteiligung der Schüler zu fördern
Stationenlernen	Jede Lehrkraft ist nach vorheriger Aufteilung für eine Lernstation zuständig, die von allen Lernenden in Gruppen durchlaufen wird.	⊃ wenn Lerninhalte komplex, aber nicht hierarchisch sind ⊃ um Überblick über Themen zu geben

▶▶▶

alternativer Unterricht	Eine Lehrkraft arbeitet mit den Lernenden auf einem höheren, die andere mit einer anderen Gruppe auf einem niedrigeren Niveau.	⊃ wenn der Leistungsstand in der Thematik sehr unterschiedlich ist ⊃ wenn einige Schüler ein paralleles Curriculum haben
Teamteaching	Lehrkräfte führen gemeinsam den Unterricht mit allen Schülern durch. Dabei haben sie abwechselnd oder gemeinsam die Leitung.	⊃ Beim Teamteaching erfahren Schüler einen offenen und differenzierenden Unterricht, bei dem Lehrende und Lernende kooperieren.

— (Vgl. LÜTJE-KLOSE/WILLENBRING, 1999, S. 38)

Bei der Auswahl der Kooperationsformen sind vor allem das Konzept des gemeinsamen Unterrichts und die **individuellen Absprachen** im Team maßgeblich. Einige Formen, wie z. B. das Teamteaching, verlangen ein höheres Maß an gegenseitiger Absprache und die genauere Kenntnis des Teampartners, sodass sie nicht für den Anfang geeignet sind.

Insgesamt liegt in einer **guten Mischung der verschiedenen Formen**, je nach Inhalt, methodischem Aufbau und Lernstand der Schüler, der größte Gewinn für den Unterricht. Wenn es den Lehrkräften gelingt, die Formen und Rollen häufig zu variieren, sodass z. B. die Regelschullehrkraft die Rolle der Beobachterin einnimmt, während die Förderschullehrkraft unterrichtet, dann wird der Gewinn der Kooperation schnell sichtbar und alle kommen auf ihre Kosten und können ihr Berufsbild vertreten.

ENTWICKLUNG IM TEAM

Zusammenarbeit ist kein einmal erreichter Zustand, sondern ein sich ständig weiterentwickelnder Prozess, wie auch das folgende Zitat belegt:

„Kooperation ist kein Zustand, sondern ein fortwährender Einigungsprozess zwischen Menschen mit unterschiedlichen Fähigkeiten und Sichtweisen unter den konkreten Bedingungen der integrativen Arbeit mit all ihren Problemen."

Grundsätzlich, so führen die Autoren weiter aus, „erfolgt dieser Prozess auf einer partnerschaftlichen Grundlage, also einer gleichwertigen und wechselseitigen Beziehung, die gemeinsam verantwortet ist."

— (Quelle: LÜTJE-KLOSE/WILLENBRING, 1999, S. 11)

Wie wird nun aus einer gemeinsamen Anwesenheit im Unterricht tatsächlich Teamarbeit?

Dieser gemeinsame Arbeitsprozess verläuft manchmal über einige Zeit harmonisch, gerät aber plötzlich ins Stocken. Unstimmigkeiten, unterdrückte Konflikte und atmosphärische Disharmonien erschweren die Arbeit. Manche Teams bemerken dagegen gleich zu Beginn ihrer Kooperation Unsicherheiten und Spannungen. Der Prozess der Zusammenarbeit verläuft in jedem Team unterschiedlich, da andere Menschen beteiligt sind.

Dennoch lassen sich in der Analyse von Teamprozessen gewisse **Gesetzmäßigkeiten** ausmachen, deren idealtypische Darstellung ursprünglich von TUCKMAN veröffentlicht wurde (vgl. auch PHILIPP, 2006). Diese sind im Folgenden mit ihren jeweiligen Kennzeichen und Verhaltensweisen der Teammitglieder beschrieben. Hinzu kommen Konsequenzen, die sich für die Begleitung sich entwickelnder Teams ergeben:

1. Testphase: **FORMING**

    Teammitglieder begegnen sich, lernen sich vorsichtig kennen und gehen höflich und eher unpersönlich miteinander um.

    Konsequenzen für die Begleitung:
    - klare Vorgaben und Strukturen
    - Hilfen zur Rollenfindung
    - deutliche Zielformulierungen
    - zielorientierte Hilfen und Materialien (z. B. Kennenlernprofile, Regeln für die Teamsitzungen) (vgl. auch **Download 1.3, Regeln für die Teamarbeit**).

Linktipp:
Zahlreiche hilfreiche Organisationshilfen finden Sie beim Institut für Landesentwicklung Bremen im sogenannten **Teamtool**, www.lis.bremen.de ▶ Fortbildung ▶ Schulentwicklung ▶ Schulentwicklungsberatung ▶ Teamtool-Startseite.

2. Nahkampfphase: **STORMING**
   Im Team entstehen unterschwellige Konflikte. Es bilden sich Untergruppen, der Umgangston wird unfreundlich, gespannt, evtl. aggressiv. Der Arbeitsfortgang wird schwerfällig und mühsam. Resignation schleicht sich ein und es besteht die Gefahr der Beendigung der Teamarbeit.
   Konsequenzen für die Begleitung:
   - Rückführung zur sachorientierten Arbeit
   - Verhindern von verfestigten Cliquen durch Einbeziehung aller Teammitglieder
   - geschickte Konfliktmoderation

3. Organisierungsphase: **NORMING**
   Im Team sind neue Verhaltensweisen möglich. Die Mitglieder bewegen sich aufeinander zu und entwickeln neue Umgangsformen. Auf dieser Basis werden eine sachorientierte Auseinandersetzung und auch die Konfrontation unterschiedlicher Standpunkte möglich. Jetzt wird auch kollegiales Feedback sinnvoll und individuell nutzbar.
   Konsequenzen für die Begleitung:
   - Unterstützung der thematischen Arbeit (z. B. Unterrichtsmaterialien)
   - gemeinsame Fortbildung
   - Erarbeitung präzisierter Fragestellungen

4. Verschmelzungsphase: **PERFORMING**
   Im Team herrscht ein offenes Klima, die Mitglieder gehen vertraut und hilfsbereit miteinander um. Der Arbeitsfortgang ist äußerst effektiv und konstruktiv. Kreative und ideenreiche Ergebnisse sind möglich.
   Konsequenzen für die Begleitung:
   - Weiterentwicklung der Zielsetzung
   - evtl. Vorbereitung von Veränderungen

Die Phasen dieses Modells können sich wiederholen, z. B. bei Veränderungen in der Teamzusammensetzung. Insgesamt ist das Wissen um die Stufen einer Teamentwicklung sowohl für die Mitglieder als auch für Begleiter eine gute Hilfe bei der Analyse von Schwierigkeiten.

Im Download-Bereich finden Sie die von Francis und Young entwickelte „Teamuhr" (PHILIPP, 2006). Sie ist eine Visualisierungshilfe für die Analyse und Einordnung komplexer Teamentwicklungsprozesse und kann für das Verständnis und die „Ortung" hilfreich sein (siehe auch **Download 1.2, Wie spät ist es in unserem Team?**)

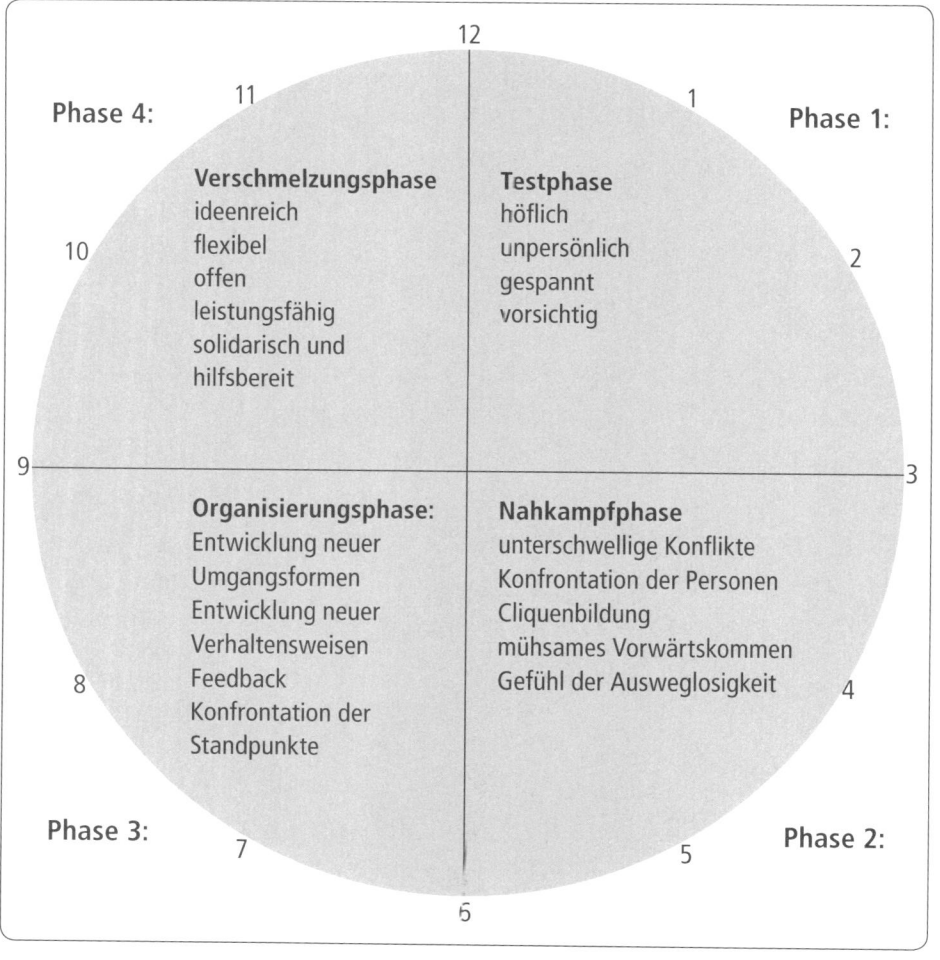

— (Quelle: PHILIPP, 2006, S. 32)

WEGE ZUM TEAM

Die **rechtzeitige** Initiierung der Teambildung ist eine wichtige Aufgabe der Schulleitung. Hier werden die Weichen für das folgende Schuljahr gestellt. Spielräume, die gewünschte Teamkonstellationen ermöglichen, sollten genutzt werden. Allerdings erfordern schulorganisatorische Notwendigkeiten häufig auch neue, ungewohnte Zusammensetzungen. Solche Teams müssen sich ihre Arbeitsgrundlage erst erarbeiten.

Dabei ist die Verabredung **gemeinsamer Grundsätze** im Allgemeinen wie auch ganz praktisch hinsichtlich des Unterrichtsalltags entscheidend und sollte zu Beginn an zentraler Stelle stehen.

Worin solche Grundsätze bestehen, ist im Folgenden aufgeführt:

- Dazu gehören die organisatorischen Aspekte (z. B.: **Wann, wo, wie lange und in welcher Konstellation** treffen wir uns? Wie dokumentieren wir Besprochenes; legen wir beispielsweise ein „Teambuch" an? Gibt es eine **Moderation**? Gibt es ein **Protokoll**? Gibt es feste **Tagesordnungen**? …).
- Die **Einigung auf bestimmte Verfahrensweisen** und **ritualisierte Handlungen** für den Unterrichtsalltag sollte auch an dieser Stelle erfolgen (feste Zeiten im Unterricht, wie für Frühstück oder Wochenplanbesprechung, Regeln und Konsequenzen für das Klassenzimmer, Rituale, wie Stuhlkreis oder Klangsignale …).
- Für die Ausgestaltung der Teamsitzungen ist es sinnvoll, dass sich auch die Erwachsenen selbst **Regeln** für den sozialen Umgang miteinander geben. Dieses Vorgehen erscheint auf den ersten Blick formell und künstlich, kann aber im Alltag eine gute Unterstützung sein, insbesondere dann, wenn sich die Zusammenarbeit erst entwickeln muss oder sich schwierig gestaltet. So, wie Regeln im Unterricht den Schülern einen sicheren und **verlässlichen Rahmen** geben, strukturieren sie auch Teamsitzungen und verhindern beispielsweise zeitliche Auswüchse.
- Auch **rein inhaltliche Bereiche** der Zusammenarbeit sollten hier abgesteckt werden.
- Ein entscheidender Aspekt der Teambildung liegt auch in ihrer **Evaluation**. Teams müssen sich auch über sich selbst unterhalten, indem sie ihr Vorgehen auswerten und regelmäßig bestimmen, welche Maßnahmen und Ziele erfolgreich waren und warum. Weniger erfolgreiche Entscheidungen müssen ebenso benannt und ausgewertet werden. In diesem Zusammenhang sind beispielsweise Materialien zur kollegialen Unterrichtsreflexion hilfreich und zielführend. Es lohnt

sich, im Kollegium ein strukturiertes und gut handhabbares Verfahren zur **gegenseitigen Reflexion** des Unterrichts zu etablieren.

Medientipps:
Kollegiale Unterrichtsreflexion ist beispielsweise über das KUR-Modell möglich:
http://kurprojekt.jimdo.com

Aufschlussreich ist auch folgender Beitrag:
Vanessa Böttcher und Eckhard Spethmann:
Gemeinsam über Unterricht nachdenken.
Kollegiale Unterrichtsreflexion lernen.
In: Pädagogik 62, S. 24–27.
Beltz Verlag, 2010.

» In diesem Zusammenhang ist wiederum der Umgang mit gegenseitiger Kritik ein wichtiger Arbeitsschwerpunkt, der durch strukturierte Vereinbarungen und Vorgehensweisen erleichtert werden kann.

» Nicht zuletzt gehört auch das gemeinsame **Feiern** und die damit verbundene Anerkennung und Wertschätzung der gemeinsamen Arbeit zu den Erfolgskriterien einer gelingenden Zusammenarbeit. Regelmäßige Rituale helfen, diesen Aspekt gelingender Kooperation nicht zu vergessen.

Ein Beispiel für mögliche Verabredungen von **Teamsitzungsregeln** finden Sie im **Download 1.3**.

„Das Zusammenwachsen zu einem Team, das aufmerksam und vertrauensvoll miteinander umgeht, das gemeinsam plant, evaluiert, Schwierigkeiten meistert und Erfolge feiert, ist ein langwieriger und nicht immer einfacher Prozess, an dessen Anfang aber der eigene Wille zur Kooperation und die Haltung eines Lernenden, nicht Belehrenden steht. Die ersten Schritte sind entscheidend, und sie müssen von allen gegangen werden."

— *(Quelle: ZERGIEBEL, 2010, S. 14)*

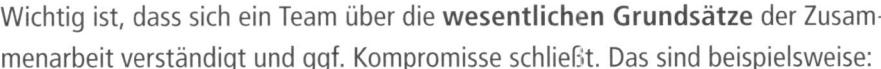
GRUNDLAGEN DES
GEMEINSAMEN UNTERRICHTS

Wichtig ist, dass sich ein Team über die **wesentlichen Grundsätze** der Zusammenarbeit verständigt und ggf. Kompromisse schließt. Das sind beispielsweise:

Grundsätze, über die sich das Team verständigen sollte:
- die eigenen **Vorstellungen** von inklusivem Unterricht, Abweichungen, Kompromisse,
- die **Erziehungsziele**, die angestrebt werden sollen,
- die **Normen und Regeln**, die im Klassenzimmer gelten; ebenso der Umgang damit und mögliche **Sanktionen** bzw. **Belohnungen**,
- das Verständnis der eigenen **Rolle** und der des Teampartners im Unterricht,
- Präsentation nach **außen** (Eltern, Schulaufsicht etc.),
- **Aufgabenverteilung** und **Zusammenspiel**,
- Vorgehen bei **gemeinsamer Planung und Aufgabenverteilung**, wenn später nur eine Lehrkraft im Klassenraum ist.

Der **Download 1.4, Gemeinsame Erwartungen**, kann Ihnen dabei helfen, eine gemeinsame Routine im Klassenzimmer zu verankern.

AUFGABENVERTEILUNG

Förder- und Regelschullehrkräfte haben **unterschiedliche Ausbildungs- und Wirkungsschwerpunkte**. Während Regelschullehrkräfte vorrangig das Lernen größerer Lerngruppen planen und initiieren, ist der Blick der Förderschullehrkräfte fokussierter auf die individuelle Lernausgangslage eines Schülers ausgerichtet. Obwohl aus einer übergeordneten Perspektive die Verantwortung für die gesamte Klasse gemeinsam übernommen wird, gilt es, **unterschiedliche Expertisen zu berücksichtigen** und in die Zusammenarbeit zu integrieren.

Je nach Unterstützungsbedürfnis der Lernenden erweitert sich das Team um weitere Mitglieder. Dazu gehören beispielsweise Schulbegleitung (auch Einzelfallhelfer oder Integrationshelfer), Erzieher, Krankenpfleger oder Sozialpädagogen. Hilfreich bei der Ressourcensuche als Vorbereitung der Aufgabenverteilung kann hier die **Arbeit mit Placemats** sein.

1 Gemeinsam besser unterrichten

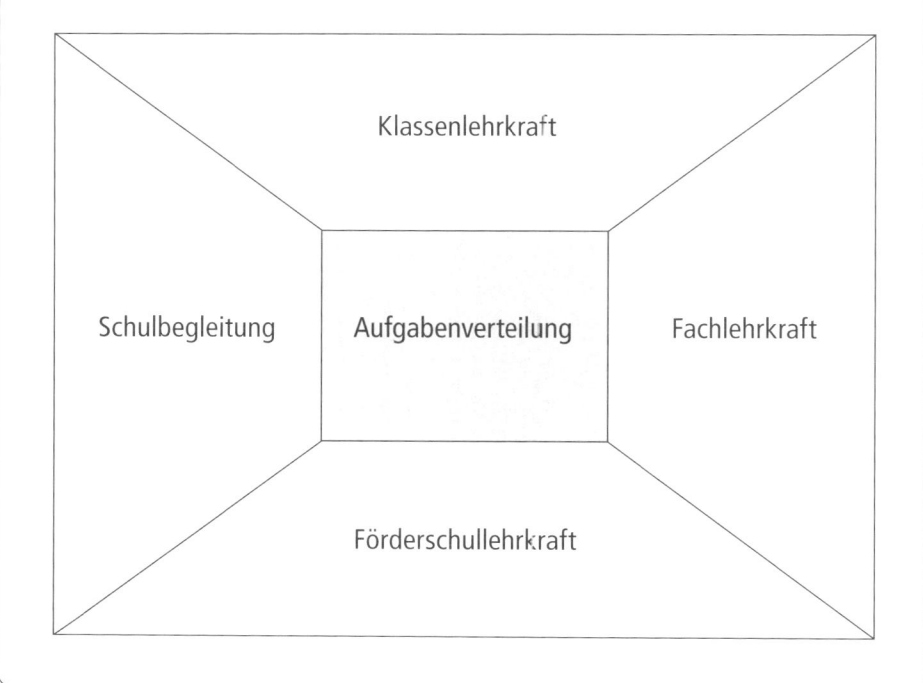

Vorgehen bei der Placemat-Methode:

Ressourcensuche

Die ersten drei Schritte bitte ohne zu sprechen ausführen:

1. Jedes Teammitglied beginnt mit dem eigenen Feld und trägt eigene Vorlieben, besondere Fähigkeiten und Fertigkeiten und vorrangige Aufgaben ein.
2. Das Placemat wird einen Platz weitergegeben. Jeder Teilnehmer ergänzt das vor ihm liegende Feld um besondere Fähigkeiten der anderen, aber auch um Aufgaben, die übernommen werden sollten.
3. Das Blatt wird so oft gedreht, bis jeder jedes Feld ausgefüllt hat.
4. Tauschen Sie sich aus: Überraschendes, Unerwartetes, Neues, „Damit bin ich nicht einverstanden!", „Das kann ich gar nicht gut." Insbesondere die von den anderen zugedachten Aufgaben sollten erläutert und diskutiert werden.
5. Klären Sie nun die Aufgabenverteilung mithilfe einer Tabelle (siehe **Download 1.5, Aufgabenverteilung im Team**).
6. Die ausgefüllte Tabelle kommt in die Mitte des Placemats.

Der **Download 1.5** zur **Aufgabenverteilung** ⬇ kann für die Festlegung eines differenzierten Arbeitsplanes im Team genutzt werden.
Hier soll nur exemplarisch anhand des Schwerpunktes Regelschullehrkraft und Förderschullehrkraft eine mögliche Vorgehensweise aufgezeigt werden.

Exemplarische Aufgabenverteilung

	Aufgaben	Regelschullehrkraft		Förderschullehrkraft	
		Planung	Durchführung	Planung	Durchführung
Unterrichtsplanung	⊙ Festlegung von Unterrichtsgegenständen	X			
	⊙ Stoffverteilung	X			
	⊙ Niveaudifferenzierung	X	X	X	X
	⊙ Gestaltung des Klassenraums	X	X	X	X
	⊙ Festlegen von Lernorten	X	X	X	X
	⊙ Regeln, Rituale, Verfahrensweisen, Konsequenzen	X	X	X	X
	⊙ Maßnahmen Nachteilsausgleich			X	X
Material	⊙ allgemeine Unterrichtsmaterialien	X	X		
	⊙ Differenzierungsmaterialien			X	X
	⊙ Fördermaterial			X	X
	⊙ Besorgung spezieller Materialien			X	X
Lernstandsanalyse	⊙ Lernentwicklungsstand aller Schüler	X	X		
	⊙ Dokumentation: Individuelle Lernentwicklung	X	X		
	⊙ Lernentwicklungsstand Schüler mit bes. Bedürfnissen	X	X	X	X
	⊙ Förderpläne	X	X	X	X
	⊙ Verfahren sonderpädagogischer Unterstützungsbedarf			X	X

Aufgaben		Regelschullehrkraft		Förderschullehrkraft	
		Planung	Durchführung	Planung	Durchführung
Eltern	Gespräche mit den Eltern	X	X	z. T.	z. T.
Eltern	Elternabende	X	X	X	X
Sonstiges	Besondere Bedürfnisse des Schülers (Pflege, Hilfsmittel, lebenspraktische Unterstützung)			X	X

— (vgl. LÜTJE-KLOSE/WILLENBRING, 1999)

UMGANG MIT ZEIT – GEMEINSAM STRUKTUREN FÜR DAS TEAM ENTWICKELN

(Inge Krämer-Kılıç)

Menschen unterscheiden sich durch unterschiedliches Temperament, das sich im Tempo bei der Erledigung von Arbeit niederschlägt. Die einen kennen Situationen, in denen sie bei dem Gefühl unruhig werden, dass ein Kollege viel zu schnell und unüberlegt handelt. Wer Aufgaben zügig abarbeiten will, kennt dagegen umgekehrt das Empfinden von Ungeduld hinsichtlich der Umständlichkeit oder Bedächtigkeit des Teampartners. Je nach Temperament und Individualität sind die Vorstellungen über den Umgang mit Zeit sehr unterschiedlich.

Diese Unterschiedlichkeit bietet, wenn sie nicht thematisiert wird, Anlass für Konflikte (vgl. auch Kapitel 5). Ihrem Entstehen kann durch verschiedene Maßnahmen vorgebeugt werden. Diese sind:

- Sorgfalt in der **kollegialen Kommunikation**
- Festlegungen **bezüglich der Arbeitsteilung**
- Absprachen über **Arbeitszeiten**

Der Arbeitsplatz Schule ist im Gegensatz zu anderen Arbeitsfeldern durch eine hohe **Verdichtung von Anforderungen** geprägt. Die meisten Lehrkräfte haben ein häusliches Arbeitszimmer. Sie halten sich in der Schule vor allem während der Unterrichtsverpflichtung und zu Konferenzzeiten auf. Während dieser – bezogen auf eine 40-Stunden-Woche vergleichsweise kurzen – Anwesenheit in der Schule muss darum viel geregelt werden:

Die **Schulleitung** hat Gesprächsbedarf und wichtige Informationen über interessante Fortbildungen mitzuteilen. **Kollegen** suchen in der Pause oder kurz vor Unterrichtsbeginn das Gespräch über einzelne Schüler. Die Schüler wiederum sind wenig daran gewöhnt, Bedürfnisse aufzuschieben. Sie kommen mit für sie wichtigen Problemen oder Fragen. Ab und zu tauchen auch **Erziehungsberechtigte** unangemeldet auf.

Die geschilderte **Informations- und Kommunikationsdichte** führt dazu, dass es oft **keine echten** Pausen gibt.

Hinzu kommt, dass **eigene Arbeitspläne** ständig durchkreuzt werden. Der Plan, sich vor dem Unterrichtsbeginn kurz zu entspannen, entfällt. Die Reflexion der Absprache mit dem Teampartner für den kommenden Unterricht muss vielleicht ebenso wegen eines Tür-und-Angel-Gespräches entfallen.

Die geschilderten Kommunikationsanforderungen sind ein nicht zu unterschätzender **Stressfaktor für Lehrkräfte inklusiver Lerngruppen**. Präventionsmaßnahmen zur Lehrergesundheit sind in vielen Schulen bereits Teil des Schulprogramms, um die angesprochenen Stressfaktoren zu minimieren.

Bewusste und **geplante Gesprächsführung** am Arbeitsplatz Schule ist Teil des professionellen Lehrerhandelns. Nehmen Sie sich dafür Zeit, halten Sie Rituale ein und gönnen Sie sich so eine angenehme wie konstruktive Atmosphäre.

Tipps

Gestaltung professioneller Kommunikation im Lehrerteam
- **Ritualisieren** Sie Arbeitsabläufe.
- **Sichern** Sie **Informationsaustausch** zuverlässig **ab**.
- Planen Sie für wichtige Themen angemessene **Zeitfenster** ein.
- Vermeiden Sie „**Tür-und-Angel-Gespräche**".
- Legen Sie **klare Zuständigkeiten** fest.

Mit der **Ritualisierung von Arbeitsabläufen** verbindet sich die Vorstellung eines Regiebuches für den gemeinsamen Unterricht. Über bestimmte Aufgaben, die der einzelne Kollege wahrnimmt, muss nicht mehr gesprochen werden, da sie immer gleich ablaufen.

> **Beispiel für die Grundschule:**
> Der musikalischere der beiden Lehrer überlegt sich ein „Lied der Woche oder des Monats". Für dessen Auswahl und Präsentation ist allein er verantwortlich. Der Teampartner und die Schüler können sich darauf verlassen, dass er dieses Lied mit allen einübt und dass es jeden Morgen gemeinsam unter seiner Regie gesungen wird. Während dieses Stundeneinstiegs besteht die Aufgabe seines Teamkollegen darin, unruhige Schüler in der Einstimmung auf den Unterricht zu unterstützen, z. B. durch Blickkontakt, nonverbale Signale oder beruhigenden Körperkontakt.

Die Ritualisierung von Arbeitsabläufen hat die Funktion einer **Rahmenbildung für das gemeinsame Unterrichten** im Klassenraum. Die verschiedenen Formen der Zusammenarbeit im Unterricht (vgl. S. 18 f.) füllen diesen Rahmen dann konkret aus.

STUNDENPLANUNG GEZIELT ANGEHEN

(Inge Krämer-Kılıç)

Wie kann man nun die gemeinsame Planung der Unterrichtsstunden konkret strukturieren?
Nehmen wir einmal an, die Zeitfenster sind geschaffen, die grundlegenden Aufgaben verteilt, man hat sich auf gemeinsame Erwartungen verständigt – nun wartet die Routine des Schulalltags. Nicht nur die gemeinsam durchgeführten Stunden müssen geplant werden, auch solche, die gemeinsam geplant werden, in denen jedoch nur eine Lehrkraft im Klassenzimmer ist.
Am besten gehen Sie die Stundenplanung im Team nach einem konkreten Schema an.

Aus didaktischer Sicht ist es grundsätzlich sinnvoll, den inklusiven Unterricht mit einem **gemeinsamen Stundeneinstieg** für die gesamte Klasse zu beginnen. Danach folgt eine **Erarbeitungsphase**, in der die Schüler mit differenzierten Materialien und in verschiedenen Sozialformen auf ihrem Entwicklungsniveau lernen. Individuelle sonderpädagogische Unterstützungsmaßnahmen werden in dieser Phase gezielt eingesetzt. Während der **Schlussphase** trifft sich die gesamte Lerngruppe wieder, z. B. um einzelne Arbeitsergebnisse vorzustellen oder um offene Fragen zu klären. Dieses methodische Vorgehen eignet sich für das gemeinsame Unterrichten in der Grundschule und in der Sekundarstufe. Die **gemeinsame Festlegung auf drei verschiedene Unterrichtsphasen** ist ein sinnvoller Minimalkonsens für inklusives Unterrichten. Dadurch wird gleichzeitig Gemeinsamkeit im Lernen und differenziertes Arbeiten für jeden einzelnen Schüler möglich. Wenn Unterrichtseinheiten und einzelne Stunden im Team geplant werden, müssen Regel- und Förderschullehrkraft grundlegende didaktisch-methodische Aspekte des inklusiven Unterrichts absprechen. Grundsätzlich gilt, dass die Regelschullehrkräfte die **Themen der Unterrichtseinheiten für die gesamte Lerngruppe** festlegen. Die Kerncurricula der Schulform und schuleigene Arbeitspläne sind die fachliche Grundlage für diese Entscheidung. Die Aufgabe der Förderschullehrkraft besteht darin, auf der Grundlage des ausgewählten Themas Vorgaben des Kerncurriculums der jeweiligen Förderschwerpunkte zu berücksichtigen und in den Unterricht einzubringen.

Beide Lehrkräfte legen gemeinsam Themenschwerpunkte und Stundenthemen fest, die aufgrund der Lernausgangslage für ihre jeweilige Lerngruppe geeignet sind. Dabei sind die **Lebensbedeutsamkeit** und der **Bildungsgehalt** eines Themas für alle Schüler zu beachten.

> - Welche **fachlichen Kenntnisse** sollen die Schüler durch die Unterrichtseinheit erwerben?
> - Welche **Arbeitsmethoden** lernen sie kennen und wenden sie an, um sich Inhalte zu erschließen?

Bei der Beantwortung dieser Fragen führt die **Zusammenführung der fachlichen Expertise** aus den Bereichen Regel- und Sonderpädagogik eindeutig zu einer **Qualitätsverbesserung des Unterrichts**. Förderschullehrkräfte setzen den Fokus bei der Unterrichtsplanung eher auf die Förderung individueller Lernfortschritte, auf konkrete Aneignungsformen, Handlungsorientierung und Lebensweltbezug.

Regelschullehrkräfte haben eher den Fortschritt der gesamten Lerngruppe im Blick und erwarten, dass bestimmte Leistungen in einer festgelegten Zeit erbracht werden. Im Idealfall entstehen durch diese unterschiedlichen Blickwinkel handlungsorientierte, fachlich anspruchsvolle Lernarrangements, in denen das Lernen Spaß macht.

Die **Auswahl der Sozialformen** hat im inklusiven Unterricht einen hohen Stellenwert. Sie ermöglichen vielfältige soziale Begegnungen der unterschiedlichsten Schüler beim Lernen.
Welche Sozialform passt zum Thema und soll in dieser Unterrichtseinheit fokussiert werden? Was steht im Vordergrund?

- Förderung effektiver **Einzelarbeit** mit dem Ziel der Förderung der Selbstständigkeit
- Förderung der **Partnerarbeit**, die wirklich arbeitsteilig abläuft
- Förderung der **Gruppenarbeit**, bei der jeder eine festgelegte Aufgabe hat und diese auch wahrnimmt

Eindeutige Absprachen im Team und eine kontinuierliche Verfolgung dieser gemeinsamen Festlegungen im Sinne von Ritualisierung fördern das Lernen der Schüler nachhaltig. Sie sind auch wichtig im Hinblick auf Unterrichtsstunden, in denen nur eine Lehrkraft anwesend ist.

Unterrichts- und Arbeitsmaterialien sind in vielen Schulen vorhanden. Eine **gemeinsame Auswahl der Materialien** orientiert sich an den inhaltlichen Schwerpunktsetzungen der Unterrichtseinheiten (siehe dazu auch Kapitel 3, S. 69).
Je nach Thema und Charakter der Unterrichtseinheit eignen sich verschiedene **Formen des Peerlearnings** zur Unterstützung. Schülertutoren unterstützen ihre Mitschüler beim Erwerb fachlicher Kenntnisse, Unterrichtshelfer übernehmen Aufgaben in sozialer Hinsicht. Peerlearning und kooperatives Lernen sind eine wichtige pädagogische Ressource im Unterricht (vgl. AVCI-WERNING, LANPHEN, 2013, S. 150–176), die im deutschsprachigen Raum zunehmend mehr genutzt wird.
Bei der Stundenplanung sollte sich ein Team folgende Fragen stellen:

- Eignet sich der Einsatz von **Schülertutoren** für diese Unterrichtseinheit?
- Welches **Helfersystem** wird von dieser Klasse gut angenommen?

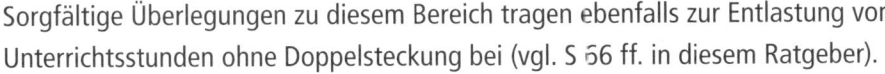

GRUNDLAGEN DES
GEMEINSAMEN UNTERRICHTS

Sorgfältige Überlegungen zu diesem Bereich tragen ebenfalls zur Entlastung von Unterrichtsstunden ohne Doppelsteckung bei (vgl. S 56 ff. in diesem Ratgeber).

Linktipps:
Mehr Informationen zum Thema Schüler helfen Schülern und anderen Helfersystemen finden Sie unter:
www.vielfalt-lernen.de/2012/10/04/%E2%80%9Epeer-education-schuler-helfen-schulern/

www.neue-schule-wolfsburg.de/fileadmin/user_upload/download/Organisation_u._Methoden_-_Ideen_fuer_meinen_Unterricht_-_Foeh.pdf

Grundsätzlich ist davon auszugehen, dass Kinder und Jugendliche leistungsbereit sind. Einen pädagogischen Fauxpas begehen Lehrkräfte in inklusiven Klassen, wenn die Regelschüler Tests schreiben müssen und den Schülern mit sonderpädagogischem Unterstützungsbedarf Leistungsnachweise weitestgehend erlassen werden. Eine solche Vorgehensweise

- verstößt gegen das **Gleichheitsempfinden der Lernenden**,
- setzt die Schüler mit Unterstützungsbedarf gegenüber ihren Mitschülern zurück,
- schafft **Missgunst und Neid** zwischen den Schülern,
- verstößt gegen den wichtigen Grundsatz inklusiver Pädagogik: „**Alle sind gleich – alle sind verschieden**".

In der Praxis bewährt sich bei der Konzeption der Leistungsnachweise eine Arbeitsteilung, bei der Regeschullehrkräfte die Tests für die Klasse konzipieren und die Sonderpädagogen individualisierte Leistungsnachweise erarbeiten. In guten Teams werden die Korrekturarbeiten möglicherweise geteilt. Schließlich sollten beide Lehrkräfte mit den Schülern über die Differenzierung in den Leistungsnachweisen sprechen.

Tipps

Unterrichtsplanung konkret

Verständigen Sie sich gemeinsam über …

- das **Thema** der Unterrichtseinheit,
- inhaltliche Schwerpunktbereiche der Einheit,
- die erwarteten **Kompetenzen** am Ende der Einheit,
- die vorrangig eingesetzten **Sozialformen** während dieser Einheit,
- die Bereitstellung und Organisation von **Unterrichts- und Arbeitsmaterial**,
- die eingesetzten **Formen des Peerlearnings**,
- Konzeption und Art der **Leistungsnachweise**.

Download 1.6, Stundenplanung, hilft Ihnen im Team bei der Planung einzelner Unterrichtsstunden.

FAZIT

Zusammenarbeit ist nicht einfach vorhanden, sondern muss entwickelt, erprobt und systematisch aufgebaut werden. Thematische Schwerpunktsetzungen im Sinne von „Was ist das wirklich Wichtige und Bedeutsame an diesem Thema?" erleichtern das gemeinsame Unterrichten ebenso wie die Ritualisierung von Abläufen.
Die konsequente Nutzung von Handreichungen und Arbeitsmaterialien in einem Team sind ein wichtiger Schritt auf dem Weg zur Professionalisierung der Kooperation im Unterricht. Eingebettet in Maßnahmen zur Schulentwicklung werden derartige Kooperationsstrukturen zu einer wertvollen Stütze der einzelnen Lehrkräfte und damit auch zu einem Baustein der inklusiven Schule.

DER KLASSENRAUM – EIN BEWUSST GESTALTETER ARBEITS- UND LERNRAUM

(INGE KRÄMER-KILIÇ)

2

KLASSENRAUMGESTALTUNG: FOKUS LEHRER

Die gemeinsame Nutzung eines Klassenraumes ist für die meisten Lehrkräfte eine neue Erfahrung.
Einige Förderschullehrkräfte kennen die Zusammenarbeit beispielsweise mit Schulbegleitungen oder anderem pädagogischen Personal. Lehrende an Gesamtschulen teilen sich zwar die Verantwortung für eine Lerngruppe, aber nicht zwangsläufig den Klassenraum.
In inklusiven Klassen stellt **das gemeinsame Unterrichten** einer Lerngruppe in *einem* Klassenraum eine neue Aufgabe dar. Beide Lehrkräfte tragen die **Verantwortung** für die Planung, Durchführung und Reflexion des Unterrichts gemeinsam.
Sie arbeiten und unterrichten einen erheblichen Teil ihrer Wochenarbeitszeit in einem Raum zusammen. Dies ist eine Arbeitssituation, die für andere Berufsgruppen zum Alltag gehört und für Lehrpersonen ein neues Handlungsfeld darstellt.
Der Austausch im Team über verschiedene Vorstellungen zur **Nutzung des Klassenraums als Arbeitsraum für die Lehrkräfte** ist darum eine absolute Grundlage für gelingende Kooperation.

- Welchen **gestalterischen Anforderungen** muss ein solcher Klassenraum genügen?
- Worauf ist besonders zu achten, damit jeder in diesem neuen pädagogischen Setting seinen **Platz** hat?

Es ist allgemein bekannt, dass sich Raumgestaltung und Farbgebung als unbewusster Faktor auf das Wohlbefinden und die Stimmung von Menschen auswirken. Ein ansprechend gestalteter Klassenraum begünstigt eine zufriedenstellende Arbeit im Team.

Der **Austausch von Regel- und Förderschullehrkräften** über ihre Vorstellungen zur Raumnutzung sollte deshalb in einer frühen Phase der Teamentwicklung stattfinden. Er

- regt zum Gespräch über das eigene **pädagogische Konzept** an,
- erzeugt Bewusstheit über **räumlich-organisatorische Notwendigkeiten**,
- hilft mittel- und langfristig, **Konflikte** zu **vermeiden**.

Im Teamgespräch angesprochen werden sollten bezogen auf den Klassenraum:

ALLGEMEINE ÜBERLEGUNGEN

Die Reflexion jedes Teamkollegen über seine persönlichen Vorlieben und Abneigungen bezogen auf den eigenen Arbeitsraum dient der Gesprächsvorbereitung. Dazu kann der **Download 2.1, Arbeitsraum Klassenzimmer: Fokus Lehrerteam**, verwendet werden. Er regt zu allgemeinen und konkreten Überlegungen über die Nutzung des Klassenraumes an.

Denkbar ist eine Definition des Klassenraumes als Unterrichts- und Lernraum für Schüler. Allerdings kann ein **Klassenraum auch als Arbeitsraum für das Lehrerteam** fungieren. Diese Nutzung steht im Zusammenhang damit, ob die Unterrichtsvorbereitung und die weiteren anfallenden Aufgaben in der Schule erledigt werden. Rahmenbedingungen für den zeitlichen Umfang der Anwesenheit eines Lehrers in der Schule hängen von der Schulform, den Konferenzbeschlüssen der jeweiligen Schule und besonderen pädagogischen Konzepten ab. Bestehen solche externen Vorgaben nicht, so kann der **Umfang der gemeinsamen Arbeitszeit in der Schule** durch Absprachen im Team geregelt werden. Viele Teams, die in inklusiven Klassen arbeiten, entscheiden sich dafür, ihre **Tätigkeit als Ganztagsjob** zu definieren, der in der Schule stattfindet.

Je nach den baulichen Voraussetzungen und den Schulkonzepten gibt es in Lehrerzimmern mehr oder weniger gut eingerichtete Arbeitsplätze. Der Klassenraum kann jedoch die angenehmere Alternative sein.

Die Entscheidung eines Teams, ob es den inklusiven Klassenraum auch als Arbeitsraum nutzen will, sollte aber gründlich erwogen werden. **Lage, Größe und Ausstattung** spielen bei solchen Überlegungen eine Rolle. Ebenso die Frage, wie viel persönliche Nähe und Intensität im Kontakt die Teampartner vertragen.

Wird der Unterricht im Klassenraum vorbereitet, so besteht ein großer Vorteil darin, dass der unmittelbare Zugriff des Teams auf den Raum möglich ist, beispielsweise um Möbel umzustellen und die Veränderung im Raum sofort gemeinsam zu bewerten. Viele andere Beispiele sind denkbar, wo Raumarrangement und pädagogische Arbeit in engem Zusammenhang stehen. Die gemeinsame Arbeit im Klassenraum hilft, Zeit zu sparen und Unstimmigkeiten im Team zu vermeiden.

Hier noch einmal eine zusammenfassende Tabelle:

Der Klassenraum als Arbeitsraum für das Lehrerteam	
Vorteile	Nachteile
Synergieeffekte durch unmittelbare persönliche Absprachen bei der Unterrichtsvorbereitung	evtl. geringe Raumkapazitäten (zu wenig Platz in Schränken etc.)
unmittelbarer gemeinsamer Zugriff der Teampartner auf den Raum, z. B. beim Umräumen, der Materiallagerung und -nutzung	Intensität der Zusammenarbeit entspricht ggf. nicht den Arbeitsgewohnheiten der Teampartner

Materielle Ausstattung

Der Download 2.1, Arbeitsraum Klassenzimmer: Fokus Lehrerteam, regt auch an zu Absprachen über die materielle Ausstattung des Klassenraumes an.

Zwischen den Vorstellungen der **Nutzung eines Raumes als Arbeitsplatz** und seiner entsprechenden **Ausstattung** besteht ein enger Zusammenhang.

> **Beispiel:**
> Möglicherweise entscheidet sich das Team für **einen runden Tisch** mit ergonomischen Stühlen als Arbeitsplatz im Raum. In einem danebenstehenden, verschließbaren Schrank werden die Arbeitstaschen der Lehrer und persönliche Arbeitsmaterialien gelagert. So kann schnell darauf zugegriffen werden. Der runde Tisch wird während des Unterrichts für Kleingruppenarbeit oder Beratungsgespräche genutzt.
> Alternativ ist die Installation eines **Bistrotisches** im Klassenzimmer denkbar. Er kann als Treffpunkt für die Lehrer für kurze Zwischenabsprachen im Unterricht genutzt werden. Manche Lehrer verwenden Stehpulte, um die einseitige körperliche Belastung durch zu häufiges Sitzen zu umgehen. Eine solche Funktion kann ein solcher Bistrotisch ebenfalls übernehmen.
> Er ist ebenso als „Infopoint" während des Unterrichts für die Schüler nutzbar. Nach Absprache sind hier Schüler postiert, die für Fragen und zusätzliche Erklärungen zum Unterrichtsstoff bereitstehen.

Die Ausstattung des Klassenraumes schlägt sich unmittelbar auf das Wohlbefinden und den Arbeitsalltag der darin Arbeitenden nieder.
Insgesamt kann das Mobiliar in vielerlei Hinsicht etwas zu Kooperation und Flexibilität beitragen. So gibt es beispielsweise Tische, die so geschnitten sind, dass sie sich platzsparend in verschiedenen Varianten kombinieren lassen und außerdem Rollen haben, sodass sie schnell und unkompliziert verschoben werden können.
Auch für die Unterbringung von Material gib es vielfältige Lösungen. Es lohnt sich, hier zu Beginn der Zusammenarbeit gemeinsam intensive Überlegungen anzustellen.

Linktipp:
Unter www.kvartet.de finden Sie ein stringentes Konzept samt Mobiliar für inklusive Klassenräume an Grund- wie auch an weiterführenden Schulen.

Absprachen über die im Unterricht benötigten **technischen Geräte** sind ebenfalls essenziell. Die gemeinsame Aufgabe der Förderung und Forderung im Unterricht ist handlungsleitend für mögliche Entscheidungen.

2 Classroom-Management im inklusiven Klassenzimmer

Für inklusive Lerngruppen bieten neue Technologien, wie interaktive Whiteboards oder internetfähige PCs, vielfältige Möglichkeiten. Leistungsstarke Schüler können sie als eine Herausforderung nutzen, um aufwändige Internetrecherchen und Präsentationen zu erarbeiten. Eine Möglichkeit zur Verminderung von Lernbarrieren bieten sie für Schüler, die sonderpädagogische Unterstützung brauchen.

Gleichzeitig sollte man sich als Lehrerteam in dieser Hinsicht nicht überfordern und realistisch bleiben hinsichtlich der Ansprüche, die man „digital" an sich stellt.

Entscheidungskriterien für die Ausstattung des Klassenraumes mit technischen Geräten aus Lehrersicht:
- bisherige Erfahrungen mit dem Einsatz technischer Geräte im Unterricht
- Technikaffinität der Teammitglieder
- Geschlecht und Alter der Teammitglieder
- Innovations- und Lernbereitschaft

PERSÖNLICHER WOHLFÜHLFAKTOR

Im Download 2.1 können Sie auch über den persönlichen Wohlfühlfaktor reflektieren, den Sie sich im Klassenraum wünschen. Dieser stellt eine wichtige Grundlage für eine gelingende Kooperation dar.

Spannende Überlegungen verbinden sich für jede einzelne Lehrkraft damit, sich bewusst zu machen, wie hoch die persönliche **Abhängigkeit von der Raumgestaltung** und vor allem von dem **konkreten Zustand** der Räume ist. Wohlbefinden und Lehrergesundheit stehen auch im Zusammenhang mit den täglichen Arbeitsräumen. Es lohnt sich, dass sich die Mitglieder eines inklusiven Lehrerteam für dieses Thema Zeit nehmen, bevor sie ihre Arbeit beginnen. Wodurch kann der Klassenraum zu einem angenehmen Ort und das Ambiente aufgewertet werden?

Linktipps:
Auf dieser Seite finden Sie Ausführungen von Architekten über den Zusammenhang von architektonischer Gestaltung und emotionalem Befinden:
www.fromme-linsenhoff.de/neues_lernen/schulbau-lernen.html

Über Dinge, die die Nerven strapazieren bzw. die eigene Arbeitsweise behindern, sollte in einem Team ebenfalls offen und ehrlich gesprochen werden. Auch diese Bereiche fragt die Vorlage im Download ab. Um sich in dieser Hinsicht selbst auf den Grund zu gehen, bedarf es einen Moment des persönlichen Innehaltens:

Was mag ich überhaupt nicht, wenn ich mit jemandem in einem Klassenraum zusammenarbeite?

Teilweise muss man länger überlegen, bis es einem gelingt, Zugang zu entsprechenden persönlichen Eigenheiten zu finden. Es kann die herumliegende Schultasche des Kollegen sein, die nervt. Auch die unordentlich aufgehängten Bilder der Schüler oder die halbleere Kaffeetasse des Kollegen können zu Missmut führen. **Achtsamkeit und Respekt vor dem anderen** werden erhöht, wenn man über die Eigenheiten seines Partners Bescheid weiß. So ist es möglich, bestimmte Aspekte gezielt anzusprechen, unterschiedliche Meinungen zu formulieren und sich auf Lösungen zu einigen.

> **Beispiel:**
> Die vorliegenden Ergebnisse stammen von einer 45-jährigen Hauptschullehrerin. Zusammen mit einer 58-jährigen Förderschullehrerin wird sie im kommenden Schuljahr eine inklusive Klasse unterrichten. Zu der zukünftigen Lerngruppe im 5. Jahrgang gehören 22 Schüler. Bei drei Kindern wurde ein sonderpädagogischer Unterstützungsbedarf festgestellt. Die beiden Lehrerinnen werden 20 Stunden gemeinsam unterrichten.

Download 2.1 Arbeitsraum Klassenzimmer: Fokus Lehrerteam

Unser gemeinsamer Arbeitsplatz sollte **Raum** bieten für:
- Kreisgespräche und andere Sozialformen
- Zugänglichkeit für die Schülerin im Rollstuhl
- die Präsentation von Arbeitsergebnissen
- Rückzugsmöglichkeiten (Gruppenraum, Ecken)
- Aufbewahrung von Arbeitsmaterial
- Wohlbefinden
- Atmosphäre der Offenheit

Dafür benötigen wir an unserem Arbeitsplatz unbedingt folgende **Ausstattung**:
- entsprechende Bestuhlung
- angenehme Farben
- Licht, Luft
- Anbindung an die Schulgemeinschaft (Tür aus Glas, Flurnutzung)
- gute technische Anbindung (interaktives Whiteboard, weitere Computer)

Wir brauchen folgende **technische Geräte**:
- ☒ Kaffeemaschine
- ☒ Wasserkocher
- ☒ internetfähiger PC
- ☒ Beamer (falls kein Whiteboard vorhanden)
- ☐ CD-Player
- ☒ Laminiergerät
- ☒ interaktives Whiteboard
- ☐ Overheadprojektor
- ☒ Digitalkamera
- ☐ andere: _____

Damit ich mich an meinem Arbeitsplatz wohlfühle, ist mir besonders wichtig:
- Struktur, Ordnung, möglichst effektiv
- Zeit und Raum für gemeinsame Planung
- entsprechendes Material
- Licht, Luft, Getränk

Achtung Störung! In unserem Klassenraum fühle ich mich nicht wohl, wenn:
- kalte, unpersönliche Atmosphäre herrscht
- uneffektive Arbeitsstrukturen bestehen
- Geräte nicht funktionieren
- unproduktive Unordnung herrscht

Das solltest du bei der gemeinsamen Raumnutzung mit mir beachten:
- Ich gebe/erwarte gemeinsames Tun.
- Ich benötige eine ansprechende und anregende Umgebung.
- Kreatives Chaos wird schnell wieder geordnet.

Die Aufgabe der Klassenleitung und der in der inklusiven Lerngruppe tätigen Förderschullehrkraft besteht in einer bewussten und gemeinsam verantworteten Klassenraumgestaltung.

Ziele der Kooperation bezogen auf eine erwachsenergerechte Raumgestaltung sind:

- **Wünsche** des Kollegen zur Raumnutzung und Gestaltung **wahrzunehmen**,
- gemeinsam Einigungsprozesse herbeizuführen und **Verabredungen zu treffen**,
- in strittigen Punkten für Vereinbarungen **zeitlich befristete Probezeiten festzulegen**.

Linktipps:

Unter www.lernraeume-aktuell.de finden Sie eine Beispielsammlung für gelungene pädagogische Architektur, unterteilt nach verschiedenen Funktionsbereichen.
Eine Darstellung über den Zusammenhang von Schulkonzept und Raumgestaltung finden Sie unter www.ganztaegig-lernen.de/publikationen/arbeitshilfe-grundlagen-guter-schulen-ein-praxisbuch

KLASSENRAUMGESTALTUNG: FOKUS SCHÜLER

Zwischen der Einrichtung und Gestaltung eines Klassenraumes und den didaktisch-methodischen Konzepten der darin Unterrichtenden besteht im Idealfall ein Zusammenhang. Die Einrichtung eines inklusiven Lernraumes basiert auf den **didaktisch-methodischen Grundannahmen** der Lehrer und den **Arbeitsprinzipien**, die sie in dieser Lernumgebung umsetzen wollen.

„Eine Lernumgebung kann man als ein planvoll hergestelltes Lernarrangement betrachten. Didaktische, methodische, materielle und mediale Aspekte werden so angeordnet, dass die Wahrscheinlichkeit für die erhofften Lernprozesse möglichst hoch wird."

— (Quelle: WAHL, 2013, S. 212)

Solche planvoll hergestellten Lernarrangements für inklusive Klassen basieren auf dem fachlichen Austausch der Regel- und Förderschullehrkraft. Drei Bereiche sollten vorrangig im Team besprochen werden:
- Verständnis von gutem Unterricht,
- bisherige Erfahrungen mit der Differenzierung und Individualisierung im Unterricht,
- Besonderheiten der Lerngruppe.

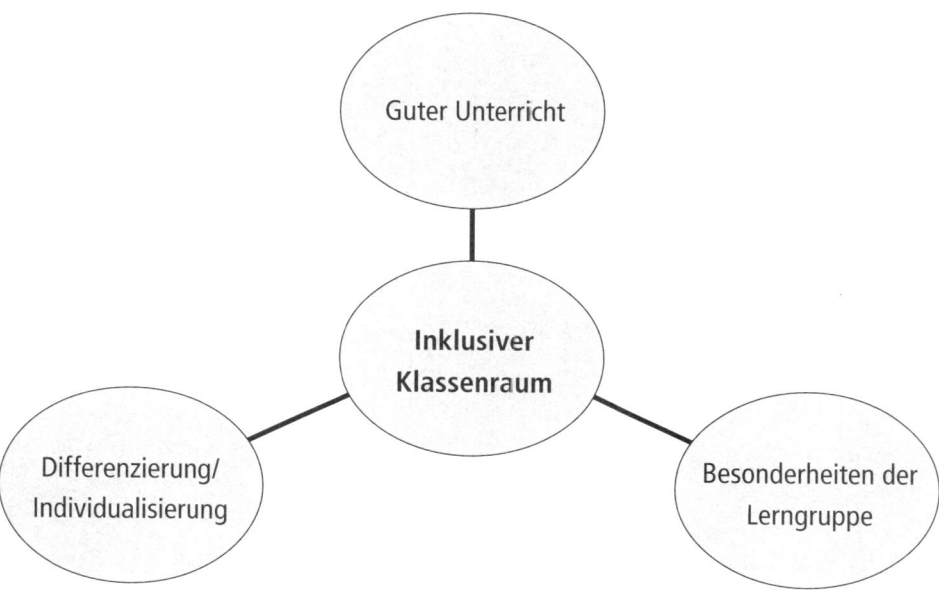

EIN RAUM FÜR GUTEN UNTERRICHT NÜTZT ALLEN SCHÜLERN

Die vorrangigste Aufgabe eines jeden Lehrers besteht darin, guten Unterricht zu planen und durchzuführen. Guter Unterricht nützt allen Schülern beim Lernen, den Regelschülern und denen, die sonderpädagogische Unterstützung brauchen. Jeder Lehrer verfügt über eine **subjektive Theorie** darüber, was er unter gutem Unterricht versteht, und danach handelt er, ohne sich der Inhalte so richtig bewusst zu sein. Der fachliche Austausch im Team ermöglicht interessante neue Einsichten zum Verständnis der eigenen Theorien über guten Unterricht. Außerdem bietet er die Möglichkeit, die eigenen Annahmen durch **Kompetenztransfer** zu erweitern.

Ein Austausch über subjektive Theorien im Team bietet jedoch lediglich einen ersten thematischen Zugang zum Thema. Als Grundlage, um zu **Vereinbarungen über die Raumgestaltung** zu kommen, reicht er noch nicht aus. Dafür sind z. B. die von HILBERT MEYER zusammengestellten **Kriterien für guten Unterricht** geeignet. Nach Aussage des Autors helfen sie, die Stärken und Schwächen der eigenen Unterrichtspraxis zu durchdenken. Außerdem bezeichnet er sie als „Folie", um mit Kollegen ins Gespräch zu kommen.

Um gemeinsam zu Entscheidungen darüber zu kommen, wie ein Klassenraum eingerichtet werden soll, damit guter Unterricht stattfinden kann, ermöglicht also die folgende Zusammenstellung einen systematischen Blick auf dieses Thema. Sie basiert auf einer großen Zahl von empirischen Untersuchungen, die hauptsächlich das kognitive Lernen im Untersuchungsfokus hatten. Der Einfluss der Lehrerpersönlichkeit wurde nicht berücksichtigt.

Zehn Merkmale für guten Unterricht in Anlehnung an HILBERT MEYER:
- klare Strukturierung des Lehr-Lern-Prozesses
- intensive Nutzung der Lernzeit
- Stimmigkeit der Ziel-, Inhalts- und Methodenentscheidungen
- Methodenvielfalt
- intelligentes Üben
- individuelles Fördern
- lernförderliches Unterrichtsklima
- sinnstiftende Unterrichtsgespräche
- regelmäßige Nutzung von Schülerfeedback
- klare Leistungserwartungen

— *(Quelle: HILBERT MEYER, 2013, S. 17)*

Nutzen Sie den Download 2.2, Guter Unterricht – Anforderungen an den Klassenraum, um sich Ihrer subjektiven Theorien über guten Unterricht bewusst zu werden. Er bietet die Möglichkeit, die nach Ihren eigenen Erfahrungen besonders wichtigen Merkmale zu kennzeichnen. In einem weiteren Arbeitsschritt können daraus gemeinsam **Schlussfolgerungen für die Raumgestaltung** gezogen werden. Diese werden im Team diskutiert und sind so konkret, dass der Klassenraum entsprechend gestaltet werden kann.

2 Classroom-Management im inklusiven Klassenzimmer

Vielfach sind die räumlichen und materiellen Bedingungen in der Schule vor Ort leider nicht so, wie ein Team sie unter didaktisch-methodischen Gesichtspunkten für erforderlich hält. Bedenken Sie jedoch: Wege entstehen im Gehen. Ein „langer Atem" und ein **lösungsorientiertes Vorgehen** sind oft trotzdem zielführend. Es lohnt sich deshalb, gemeinsam die folgenden Punkte zu klären:

> - Welche Ressourcen und Hilfen brauchen wir, um gemeinsam eine Lernumgebung für guten inklusiven Unterricht zu gestalten?
> - Welches sind dabei kurzfristig umzusetzende Notwendigkeiten, welches mittelfristige Ziele und welches langfristige Ziele, um den für Ihre Lerngruppe idealen Klassenraum einzurichten?

Literaturtipp:
Ausführlich können Sie die zehn Merkmale guten Unterrichts hier nachlesen:
Hilbert Meyer:
Was ist guter Unterricht?
Cornelsen Scriptor, 9. Aufl., 2013.
ISBN 978-3-589-22047-2

DIFFERENZIERTES UND INDIVIDUALISIERTES LERNEN IN INKLUSIVEN KLASSEN – ANFORDERUNGEN AN DEN RAUM

In der Vorstellung sonderpädagogischer Laien bedarf es vielfacher Maßnahmen, um inklusiven Lerngruppen gerecht zu werden. Welche Überlegungen tatsächlich bezogen auf die Raumgestaltung für differenziertes Lernen in inklusiven Klassen angestellt werden müssen, ist Inhalt der folgenden Ausführungen.
Die Ergebnisse einer **Berechnung von JUTTA SCHÖLER** stehen nämlich hinsichtlich unseres Schwerpunkts im deutlichen Widerspruch zu der o. g. Annahme. Sie stellt dar, wie Schüler mit Förderbedarf auf Regelschulklassen verteilt wären, wenn alle Förderschulen aufgelöst würden:

Würden alle Schüler mit besonderem Förderbedarf in Regelschulen gehen, so wären statistisch gesehen bei einer Klassengröße von jeweils 20 Schülern:
- in jeder Klasse ein bis zwei Schüler mit Lern-, Verhaltens- oder Sprachproblemen,
- in jeder 6. Klasse ein Kind mit einer geistigen Behinderung,
- in jeder 14. Klasse ein Kind mit einer körperlichen Behinderung,
- in jeder 62. Klasse ein Kind mit einer Sehschädigung.

(eigene Berechnung auf der Basis von KLEMM, 2009)

— (Vgl. SCHÖLER, 2013, S. 223)

Die Gruppe der Schüler mit Lern-, Sprach- und Verhaltensproblemen macht über 50 % der Kinder und Jugendlichen aus, die sonderpädagogische Unterstützung brauchen. Für sie gilt der allgemeine Grundsatz: Eine **kind- bzw. jugendgerechte Klassenraumgestaltung** hilft allen Schülern beim Lernen. Deshalb sollte auch in inklusiven Klassen der Fokus darauf liegen, den Raum so zu gestalten, dass er **Motivation und Lust zum Lernen** anregt. Schließlich richtet man ja auch ein Kaufhaus so ein, dass es Lust aufs Kaufen macht!

Dass das Lernen von Kindern und Jugendlichen mit der Erfahrung des Raumes verbunden ist, scheint unstrittig zu sein (vgl. SCHÖNING/SCHMIDTLEIN-MAUDERER, 2013, S. 10). Auch dass uns die Räume, in denen wir uns aufhalten, erziehen und beeinflussen, kann jeder bestätigen. Wichtig für die Klassenraumgestaltung ist die Tatsache, **dass die materielle Raumanordnung das Handeln der Raumnutzer bestimmt.**

Schon zu Beginn des 20. Jahrhunderts machten sich Pädagogen Gedanken über die Wirkung von Schulräumen auf Kinder und ihre Lernerfolge. Die sogenannten „Reformpädagogen" formulierten einen **Zusammenhang von Raumgestaltung und Lernerfolg** der Schüler (vgl. DREIER u. a., 1999, S. 33 ff.).

PETER PETERSEN (1884–1952) hat den Begriff der „**Schulwohnstube**" geprägt. Dabei handelt es sich um einen Lernraum, der mit Büchern, Arbeitsmaterialien und kognitiv anregenden Materialien ausgestattet ist. Die Ausstattung soll die **selbsttätige Einzelarbeit** und das **selbstständige Arbeiten in Gruppen** anregen. Der Austausch der Schüler in Kreisgesprächen und die Wochenplanarbeit sind Teil seines pädagogischen Konzeptes.

2 Classroom-Management im inklusiven Klassenzimmer

Auch heute sind diese Überlegungen aktuell. Sie finden ihren Niederschlag in Räumen, die **Platz für soziale Begegnungen und für Kommunikation** zwischen den Schülern bieten. Vielfältige Begegnungen während des Unterrichts miteinander fördern das **Peerlearning**, das Lernen voneinander (vgl. KRÄMER-KILIÇ, 2013). Individuelle Differenzierung und Lernzuwächse finden so ohne gezielte, von den Pädagogen geplante Differenzierungsmaßnahmen statt. Die auf diese Weise erreichte Zunahme an Kompetenzen betrifft Schüler, die sonderpädagogische Unterstützung brauchen, in besonderem Maße. Ein Zuwachs an Kompetenzen findet durch **Nachahmung und Lernen am Modell** insbesondere beim sprachlichen und sozialen Lernen statt.

Heutige Pädagogen können auch von PETERSEN lernen, dass es **Präsentations- und Ausstellungsflächen** in einem Klassenraum geben soll. Werden Lernergebnisse ausgehängt und ausgestellt, so bieten sie Anlass für Gespräche der Schüler untereinander, für Fragen und für neue Ideen. Sie regen das kognitive Lernen an, wie die Ergebnisse der PISA-Studien beweisen. In den Siegerländern werden die Klassenräume weniger geschmückt, wie es in Deutschland häufig der Fall ist. Sie werden stattdessen als **kognitiv und kommunikativ anregende Lernumwelten** gestaltet. Ein so vorbereiteter Klassenraum bietet vielfältige Möglichkeiten für interessengeleitetes, differenziertes Lernen.

Mit dem Namen von MARIA MONTESSORI (1870–1952) verknüpft ist der Begriff der **vorbereiteten Lernumgebung**. Sie geht davon aus, dass jedes Kind die Fähigkeit hat, sich durch **aktives Entdecken und Lernen** zu einem selbstständigen Menschen zu entwickeln. Diese Grundannahme gilt auch für Kinder mit Entwicklungsbeeinträchtigungen und Schädigungen. Wenn die Lernumgebung durch entsprechende Materialien vorbereitet ist, sind auch sie in der Lage, aktiv und selbsttätig zu lernen.

Leitfragen, die sich das Lehrerteam einer inklusiven Klasse bezogen auf die Klassenraumgestaltung immer wieder stellen sollte:
- Wie gestalten wir den Klassenraum angemessen für die Bedürfnisse der Lerngruppe?
- Wie sieht ein barrierefreier Klassenraum für unsere Lerngruppe aus?

Barrierefreiheit, im Sinne der UN-Behindertenrechtskonvention, bezieht sich auf die Zugänglichkeit von Bildungsinhalten. Gemeint sind damit
- **räumliche Zugänglichkeit** (z. B. Stufen, Höhe und Größe von Möbeln, Waschbecken, Höhe der Pinnwände),

DER KLASSENRAUM – EIN BEWUSST GESTALTETER
ARBEITS- UND LERNRAUM

- **leichte Sprache** (für alle verständliche Lehrersprache, vereinfachte Arbeitstexte),
- **Nutzung nonverbaler Kommunikationshilfen**, wie Symbole oder Piktogramme,
- **Hilfestellungen bei Sinnesschädigungen** (z. B. Schallschutz, zusätzliche Orientierungshilfen für Blinde).

BESONDERHEITEN DER LERNGRUPPE BEACHTEN

Ein Klassenraum, der die Umsetzung von Kriterien für guten Unterricht sowie Differenzierung und Individualisierung ermöglicht, ist ein geeigneter Lernraum für alle Schüler, die sonderpädagogische Unterstützung brauchen.

Förderbedarf Geistige Entwicklung:

Wenn **Schüler mit Förderbedarf im Bereich der geistigen Entwicklung** eine Regelschule besuchen, müssen bezogen auf den Lernraum weitergehende Überlegungen angestellt werden. Für den inklusiven Unterricht ist dann ein Gruppenraum erforderlich. Er sollte, wenn möglich, durch eine Tür mit dem Klassenraum verbunden sein. Ein **Gruppenraum** ohne Verbindung zum Klassenraum ist die zweitbeste Lösung. Aus verschiedenen Gründen ist ein zusätzlicher Gruppenraum dringend erforderlich: Das Kerncurriculum für den Förderschwerpunkt Geistige Entwicklung sieht **handlungsorientierte und lebenspraktische Lernprozesse** vor. Dafür sind umfangreichere und andere Arbeitsmaterialien erforderlich als für den Rest der Lerngruppe. Zur Aufbewahrung dieser Materialien müssen Aufbewahrungsboxen und Regale angeschafft werden. Eine **Küchenzeile** mit Waschbecken, Herd und einfachen Küchengeräten ermöglicht das **Lernen im lebenspraktischen Bereich**.

> **Beispiel:**
> An einem niedersächsischen Gymnasium besuchen drei Schüler mit Förderbedarf Geistige Entwicklung die 6. Klasse. Am Latein- bzw. Französischunterricht nehmen diese Schüler nicht teil. Während dieser Zeit findet lebenspraktischer Unterricht im Gruppenraum statt. Sie lernen z. B., wie man selbstständig Getränke und kleine Speisen zubereitet. Wird eine Klassenarbeit in den besagten

49

2 Classroom-Management im inklusiven Klassenzimmer

> Sprachen geschrieben, so bereiten diese drei Schüler für ihre Klassenkameraden eine besondere Speise zu, wie Pudding oder Obstsalat,. Nach der Klassenarbeit servieren sie ihren Mitschülern ihre Arbeitsergebnisse. Das ist ein besonderes Highlight für die ganze Klasse und für das Lehrerteam.

Der Gruppenraum gehört allerdings, ganz im Sinne der Inklusion, **der gesamten Lerngruppe** und darf nicht als sonderpädagogische Enklave missbraucht werden. Deshalb sollte das Lehrerteam darauf achten, dass er flexibel genutzt wird.
Er bietet einen **Ruhe- und Rückzugsraum für alle Schüler**. In der Pubertät gibt es nicht selten Probleme, die in der Peergroup oder mit dem Lehrer besprochen werden müssen – solche Gespräche finden im Gruppenraum statt.

Funktionen des Gruppenraumes:
- Differenzierungsraum
- Raum für lebenspraktisches Lernen
- Rückzugs- und Ruheraum
- Lagerung von zusätzlichen Arbeitsmaterialien

Förderbedarf Körperlich-motorische Entwicklung:

Gehören Schüler mit einem **Förderbedarf** im Bereich der **körperlich-motorischen Entwicklung** zur Lerngruppe, so stellt sich bei der Raumeinrichtung die Frage der **Zugänglichkeit**. Ein Klassenraum muss so gestaltet sein, dass ein Schüler im Rollstuhl sich barrierefrei bewegen kann. Der Fokus liegt also darauf, **räumliche Barrieren zu vermeiden**. Gegebenenfalls muss Platz für die Lagerung in einem **Sitzsack** oder auf einer **Liege** vorhanden sein.
Bei der **Vorbereitung eines individuellen Arbeitsplatzes**, z. B. durch einen höhenverstellbaren Tisch, einen entsprechenden Stuhl oder einen Computer, sollte unbedingt ein **Ergotherapeut** einbezogen werden. Dies gilt auch bezogen auf die Bereitstellung individueller Arbeitsmaterialien, wie z. B. rutschfester Tischunterlagen oder besonderer Stifte für Schüler mit einer spastischen Schädigung.

Förderbedarf Hören:

Gehören Schüler mit einem **Förderbedarf** im Bereich **Hören** zur Lerngruppe, so stellt sich bei der Raumeinrichtung schwerpunktmäßig die Frage der **Lärmdämmung**. Bei der Klassenraumgestaltung muss darauf geachtet werden, wie Störgeräusche vermieden werden können. In unserer lauten und rastlosen Zeit bedeutet zusätzliche Schalldämmung im Klassenraum **Stressreduktion für Schüler und Lehrkräfte**. Dies ist möglich durch ein schallschluckendes Interieur. Vorhänge und Teppichböden erfüllen diese Anforderung. Außerdem ist es wichtig, dass der Schüler mit Förderbedarf im Bereich Hören so sitzt, dass er dem Lehrer von den Lippen ablesen kann.

Die übrigen Schüler können durch **Selbstversuche**, wie z. B. künstliche Vertaubung durch Kopfhörer etc., dafür sensibilisiert werden, wie es sich anfühlt, wenn man wenig oder nichts hört. Dadurch lernen sie, im Kontakt mit ihrem hörbehinderten Mitschüler darauf zu achten, dass sie ihn anschauen, wenn sie mit ihm sprechen. Durch die Zusammenarbeit des Lehrerteams mit **Sonderpädagogen des mobilen Dienstes im Förderschwerpunkt Hören** ist ein zusätzlicher Kompetenztransfer möglich.

Förderbedarf Sehen:

Besuchen blinde oder sehbehinderte Schüler Ihre Klasse, so ist auf eine übersichtliche Raumstruktur zu achten. Auch hier bieten sich Selbstversuche für die Mitschüler an, damit alle dafür sensibilisiert werden, dass Hindernisse, wie herumliegende Schultaschen oder Gegenstände, an denen sich die gehandicapten Mitschüler stoßen oder verletzten könnten, aus dem Weg geräumt werden. Individuelle Bedürfnisse, wie besondere Beleuchtungsmittel, werden mit den Mitarbeitern der mobilen Fachdienste besprochen.

Weitergehende Informationen bezogen auf die **Klassenraumeinrichtung für alle Förderschwerpunkte** können in der Publikation von JUTTA SCHÖLER (2013) nachgelesen werden.

3 DIFFERENZIERTEN GRUNDSCHULUNTERRICHT IM TEAM ERFOLGREICH GESTALTEN (TINA ALBERS)

GRUNDLAGEN DER DIFFERENZIERUNG IM GRUNDSCHULUNTERRICHT

Immer mehr Grundschullehrer beobachten, dass die Kinder mit sehr unterschiedlichen Lernvoraussetzungen in die Schule kommen. In einer inklusiven Klasse gilt es, diese zu erkennen und bei der Unterrichtsplanung zu berücksichtigen.

Die Zugangsweisen bei der Aufgabenerarbeitung sind sehr unterschiedlich. Während ein Schüler sich dem Lerngegenstand schon abstrakt nähern kann, braucht ein anderes Kind noch die haptische Erfahrung.

Wie kann also ein Team alle Schüler unter Berücksichtigung individueller Bedürfnisse optimal fördern? Dieser und weiteren Fragen soll in diesem Kapitel nachgegangen werden.

Wenn eine Lehrkraft der Heterogenität ihrer Schüler gerecht werden will, wird sie auf Unterricht im Gleichschritt verzichten müssen. Dieser würde weder die Bedürfnisse der leistungsstärkeren noch die der leistungsschwächeren Schüler berücksichtigen. Lernen ist ein individueller Prozess. Die Antwort für individuelle Förderung in inklusiven Klassen lautet **Differenzierung**.

Differenzierung in der Grundschule ist prinzipiell kein neues Thema. In einer inklusiven Grundschule kommen jedoch noch **neue Aspekte** hinzu:

1. **Präventivmaßnahmen** rücken in den Vordergrund.
2. Kinder mit einem Bedarf an sonderpädagogischer Unterstützung in den Bereichen Lernen oder geistige Entwicklung benötigen einen **lernzieldifferenten Unterricht**.
3. Spezielle **Hilfsmittel** können notwendig werden.
4. Lehrkräfte arbeiten im **Team**.

Beispiele:
Bei der Schuleingangsdiagnostik fällt auf, dass Lena Probleme beim Heraushören einzelner Laute und deren Stellung im Wort hat. Diese sogenannte phonologische Bewusstheit wird als eine wesentliche Voraussetzung für den erfolgreichen Schriftspracherwerb angesehen. Ein Präventivprogramm könnte Lernproblemen vorbeugen.

> Bei Manuel wurde im 2. Schuljahr ein Bedarf an sonderpädagogischer Unterstützung im Bereich Lernen festgestellt. Im Fach Deutsch und Mathematik arbeitet er weitestgehend nach den Zielen der Förderschule mit dem Förderschwerpunkt Lernen.
>
> Torben hat Bedarf an sonderpädagogischer Unterstützung im Bereich körperlich-motorische Entwicklung. Im Mathematikunterricht wird der Umgang mit dem Lineal geübt. Damit Torben dieses überhaupt greifen kann, benötigt er einen speziellen Griff.

Wenn diese Kinder in einer Klasse gemeinsam erfolgreich lernen sollen, ist Differenzierung notwendig.

Grundsätzlich werden zwei Formen unterschieden: **innere und äußere Differenzierung**.

Bei der inneren Differenzierung erfolgt das Lernen aller gemeinsam im Klassenverband. Die Unterrichtsangebote richten sich nach den individuellen Bedürfnissen der Schüler. Ein so gestalteter Unterricht gibt der Klasse die Möglichkeit, Verschiedenheit wahrzunehmen und als normal zu betrachten.

Bei der äußeren Differenzierung lernen die Schüler einer Klasse in unterschiedlichen Räumen und oft an unterschiedlichen Themen. Von den Lehrkräften festgelegte Auswahlkriterien bestimmen die Zusammensetzung der Lerngruppe.

> ⮞ So viel innere Differenzierung wie möglich, so wenig äußere Differenzierung wie nötig!

INNERE DIFFERENZIERUNG

Im Folgenden sollen die Differenzierungskriterien von BÖNSCH (2011, S. 71) näher erläutert werden. Seine Ausführungen im Werk **Heterogenität und Differenzierung** bieten eine gute Arbeitshilfe, um sich im Team über Differenzierungsformen abzustimmen.

Literaturtipp:
Manfred Bönsch:
Heterogenität und Differenzierung:
Gemeinsames und differenziertes Lernen in heterogenen Lerngruppen.
Schneider Verlag Hohengehren, 2011.
ISBN 978-3-83400-822-0

Differenzierungskriterien nach BÖNSCH (2011, S. 71):
1. Er-, Be- und Verarbeitungsweisen
2. Quantität der Unterrichtsinhalte
3. Anspruchsniveau (Qualität) der Unterrichtsinhalte
4. Selbstständigkeit – Umfang benötigter Hilfen
5. Zeit
6. Kooperationskompetenz
7. Zieldifferenzierung
8. Planerfüllung oder zusätzliche Interessen

Er-, Be- und Verarbeitungsweisen

Dieses Kriterium berücksichtigt die unterschiedlichen Lerntypen.

Beispiel:
Im Sachunterricht geht es um Mülltrennung. Die Schüler sollen am Ende wissen, was in welchen Müllbehälter gehört.
- Die Bearbeitung kann herkömmlich mit Tafelbild und Erläuterungen durch eine Lehrkraft geschehen.
- Es wird jedoch auch Schüler geben, die dafür ganz konkrete Handlungen, also das Müllsortieren, brauchen.
- Schüler, die eher abstrakt-kognitive Bearbeitungen ansprechen, lesen stattdessen selbstständig einen bebilderten Text.

Die Form der Zusammenarbeit zwischen den Lehrkräften liegt bei diesem Unterrichtsbeispiel auf der Hand:
- Eine Lehrkraft gibt den **inhaltlichen Input** an der Tafel und leitet das Unterrichtsgespräch mit der Klasse.
- Die zweite Lehrkraft unterstützt Schüler, welche d**ie konkrete Handlungsebene** zum Lernen brauchen.

Wer welche Aufgabe übernimmt, muss abgesprochen werden.

Schüler, die selbstständig einen Text bearbeiten, schaffen diese Aufgabe weitgehend ohne Lehrerhilfe. Sollten dennoch Fragen entstehen, gilt die folgende Regel:

> Überlege zunächst selbst, frage dann einen Mitschüler um Rat, bevor du dich an einen Lehrer wendest.

Quantität der Unterrichtsinhalte

Kinder brauchen unterschiedliche Lernarrangements, um optimal lernen zu können. Es geht nicht darum, einen Mittelweg zu finden, sondern individuelles Lernen zu ermöglichen. Das Kriterium der Quantität der Unterrichtsinhalte berücksichtigt die Kompetenzentwicklung jedes Kindes.

Beispiel:
In einer 4. Klasse hat die Deutschlehrerin ein Übungsdiktat schreiben lassen. Sie analysiert mithilfe der Förderschullehrerin die Fehlerschwerpunkte. Die folgende Unterrichtsstunde könnte so aussehen:
- Die Schüler bearbeiten Aufgaben zu ihren Fehlerschwerpunkten.
- Schüler, die das Übungsdiktat fehlerfrei geschrieben haben, entscheiden, ob sie
   a) einen Mitschüler unterstützen oder
   b) eigene Arbeitsblätter zum Üben entwerfen. Beides trägt zum Optimieren des Könnens bei. Wer Gelerntes anderen erklärt, durchdringt den Unterrichtsstoff noch einmal.

Die beiden Lehrkräfte bringen sich beispielsweise so ein:
- Gemeinsam entscheiden sie, welches Übungsmaterial zur Vervollständigung der Lernprozesse benötigt wird. Die Materialien können dann arbeitsteilig zusammengestellt werden.
- Die Lehrkräfte geben den Schülern individuelle Rückmeldung, wie sie die folgende Übungsphase optimal für sich nutzen können.
- Schüler, deren Übungsdiktat sehr viele Fehler aufweist, erhalten persönliche Unterstützung durch eine Lehrkraft, z. B. dadurch, dass Rechtschreibregeln noch einmal erklärt werden und das Kind Gelegenheit für Rückfragen hat. Diese Aufgabe übernimmt nach Absprache die Förderschullehrkraft oder die Grundschullehrkraft.

Anspruchsniveau (Qualität) der Unterrichtsinhalte

Dieses Kriterium soll am Beispiel der Freiarbeit verdeutlicht werden.
Die Schüler wählen aus einer **Freiarbeitstheke** selbstständig eine Aufgabe, die sie bearbeiten möchten. Mit dieser Aufgabe entscheiden sie sich auch für einen Anspruchsgrad. Entsprechendes angebotenes Material kann aus Lernspielen, Übungsblättern, Büchern, Experimenten, Computerprogrammen etc. bestehen.
Freiarbeit setzt eine Fülle von Materialien voraus. Diese sind so von den Lehrkräften vorbereitet, dass möglichst jeder Schüler entsprechend seiner Interessen und Fähigkeiten eine Auswahl treffen kann. Darüber hinaus stellt sie eine große **Herausforderung an die Selbstständigkeit und die Selbstorganisation** der Schüler. Allein eine Auswahl zu treffen, fällt einigen Kindern mit und ohne Bedarf an sonderpädagogischer Unterstützung oft noch schwer. Durch gezielte Fragen können Sie den Schülern helfen, sich für ein Angebot zu entscheiden. Hier können die beiden Lehrkräfte im Sinne einer Lernbegleitung die Kinder unterstützen.

Selbstständigkeit – Umfang benötigter Hilfen

Ein Beispiel für eine dieses Prinzips der Differenzierung förderliche Methodik wurde bereits genannt: die **Freiarbeit**.
Auch beim **Werkstattlernen** wählen die Schüler nach ihren persönlichen Präferenzen aus einer umfangreichen Fülle von Materialien Angebote zu einem **Oberthema** aus. Für die Lehrkräfte besteht die Aufgabe vor allem darin, die verschiedenen Angebote so zu strukturieren, dass sie den unterschiedlichen Lernvoraussetzungen gerecht werden. Informative Texte stehen den Schülern z. B. in unterschiedlichen

Längen zur Verfügung. Durch Partner- oder Gruppenarbeiten können Schüler sich gegenseitig unterstützen. Schüler, die gern praktisch arbeiten, können Experimente durchführen. Internetrecherchen können selbstständig oder mit Unterstützung durchgeführt werden. Je heterogener die Lerngruppe ist, desto wichtiger ist die Berücksichtigung der unterschiedlichen Zugangsweisen und Arbeitsformen. Eine gut organisierte Werkstattarbeit bedeutet also viel Vorbereitung für die Lehrkräfte. Schon aus dem einfachen Grund der Arbeitsentlastung ist es von Vorteil, wenn zwei Lehrkräfte sich diesen Aufwand teilen können. Eine Idee zur Arbeitsteilung könnte so aussehen:

Die **Grundschullehrkraft** bereitet Angebote vor, die eher theoretisch-reflektierend bzw. experimentell-erprobend ausgerichtet sind. Die **Förderschullehrkraft** bereitet Angebote vor, die stärker praktisch-handelndes oder kleinschrittiges Lernen erfordern. Während der Werkstattarbeit ist folgender Einsatz der beiden Lehrkräfte denkbar:

- Die Förderschullehrkraft behält Schüler im Auge, denen das selbstständige Arbeiten schwerfällt und die weitere Impulse zur Weiterarbeit benötigen.
- Die Grundschullehrkraft agiert als Ansprechpartner, sie steht für Rückfragen und zusätzliche Hilfestellungen zur Verfügung.
- Die von den Schülern angefertigten Arbeitsergebnisse werden von beiden Lehrkräften zusammen ausgewertet.

Zeit

Das Kriterium Zeit findet bei der **Stationsarbeit** gute Berücksichtigung. Hier bearbeiten die Schüler Arbeitsaufträge in Form von Pflicht- und Wahlaufgaben an verschiedenen Stationen. Die verschiedenen Aufgaben dienen meist der Vertiefung des Lernstoffs der vorangegangenen Stunden.

Das Stationenlernen eignet sich gut für heterogene Lerngruppen, da die einzelnen Stationen im individuellen Tempo durchlaufen werden können.

Hier kann Teamarbeit in puncto Vorbereitung gut ansetzen.

- Der Pflichtteil sollte nach gemeinsamer Absprache von beiden Lehrkräften vorbereitet werden.

Eine weitere Aufteilung könnte wie bei der Werkstattarbeit erfolgen:

- Während die Grundschullehrkraft noch die zusätzlichen Wahlaufgaben vorbereitet,
- kann die Förderschullehrkraft z. B. die notwendigen visuellen Unterstützungen vorbereiten.

In der Regel erhalten die Schüler einen Laufzettel, auf dem sie erledigte Aufgaben abhaken können. Positiv bewährt hat sich auf dem Laufzettel eine Spalte für Schülerkommentare. So können die beiden Lehrkräfte bei der Auswertung nützliche Anregungen für die weitere Unterrichtsplanung erhalten.

Kooperationskompetenz

In jeder Grundschulklasse gibt es Kinder, denen die Zusammenarbeit mit anderen schon gut gelingt, und Kinder, für die dies eine große Herausforderung darstellt. Lehrkräfte haben die Aufgabe, Lernarrangements so zu gestalten, dass die Schüler kooperative Erfahrungen sammeln können.

Der Erwerb von Kooperationskompetenz ist ein langer Weg. Die Schüler üben zunächst, mit einem Partner zusammenzuarbeiten, bevor sie an Gruppenarbeit herangeführt werden. Diese Phase kann bei Schülern unterschiedlich lange dauern.

> **Beispiel:**
> Leon, ein Schüler mit dem Asperger-Syndrom, kann sich mit viel Mühe und Unterstützung seiner Schulbegleitung auf maximal ein weiteres Kind einlassen. Bei ihm könnte eine Differenzierung nach Kooperationskompetenz folgendermaßen ablaufen:
> - Partnerarbeit mit einem ihm vertrauten Kind so lange üben, bis diese gut klappt
> - Partnerarbeit mit wechselnden Partnern üben
> - Anbahnung von Gruppenarbeit in einer Kleingruppe (drei Kinder)

Der Einsatz der beiden Lehrkräfte sieht so aus:
- Als echtes Team sind sie ein **Vorbild** für ihre Schüler.
- Sie setzen Methoden aus dem **kooperativen Lernen** ein.
- Sie **unterstützen** einzelne Schüler, für die die Zusammenarbeit mit anderen eine größere Herausforderung bedeutet.
- Sie bieten **Partnerarbeit und Gruppenarbeit** als Sozialform an, um den Schülern individuelles Lernen zu ermöglichen.

Zieldifferenzierung

In einer inklusiven Grundschulklasse wird zielgleiches Lernen nicht für alle Kinder mit und ohne Bedarf an sonderpädagogischer Unterstützung möglich sein. Um erfolgreiches Lernen im individuellen Leistungsbereich zu ermöglichen, muss deshalb zieldifferent unterrichtet werden.

> **Beispiel:**
> Im Mathematikunterricht werden zu Beginn von Klasse 2 Zahlenmauern erarbeitet. Nach einer **gemeinsamen Einführung** werden differenzierte Aufgaben angeboten.
> - Die Differenzierung kann hier nach Zahlenräumen (10, 20, 100) erfolgen.
> - Die erforderlichen Arbeitsblätter können nach den Ampelfarben (rot = schwer, gelb = mittel, grün = leicht) in einer Lerntheke ausgelegt werden.
> - Für eine weitergehende Differenzierung werden die Arbeitsblätter durchnummeriert: Je größer die Zahl, desto höher der Anspruch. Also: Bei Arbeitsblatt Grün Nr. 1 sind die Grundsteine vorgegeben. Bei Grün Nr. 2 ist die Ergebniszahl und ein Grundstein vorgegeben. Bei Grün Nr. 3 ist nur die Ergebniszahl vorgegeben.
> - Diese Differenzierung ließe sich auch auf die Zahlenräume 20 und 100 übertragen.

Bliebe noch die Frage nach dem sinnvollen Einsatz der beiden Lehrkräfte. Folgendes Vorgehen ist möglich:
- Eine Lehrkraft richtet ihr Augenmerk auf die Schüler, die die grünen (= leichten) Aufgaben bearbeiten. Hier ist voraussichtlich zusätzlicher Unterstützungsbedarf notwendig.
- Die zweite Lehrkraft steht für alle anderen Schüler als Ansprechpartner zur Verfügung. Wer welche Aufgabe übernimmt, muss abgesprochen werden. Bei einem „guten Team" (vgl. Seite 14), das nach dem Prinzip des Teamteachings arbeitet, wechseln diese Rollen.

Planerfüllung oder zusätzliche Interessen

Lehrkräfte stellen **individuelle Tages- oder Wochenpläne mit Pflicht- und Wahlaufgaben** zusammen. Die Schüler wählen selbstständig die Reihenfolge der Bearbeitung und die dafür benötigte Zeit teilen sie sich selbst ein.

3 Classroom-Management im inklusiven Klassenzimmer

Planarbeit ist für die Lehrkräfte vorbereitungsintensiv. Dennoch bietet sie in einer inklusiven Klasse einen entscheidenden Vorteil: Die Schüler können unterschiedliche Pläne erhalten.

Hier ein Beispiel für einen solchen Plan von der Seite www.zaubereinmaleins.de:

Wochenplan vom 09.09. bis 13.09.2013

Name:

Lernbereich	Was?	Aufgaben	Fertig
Lesen	📖	Lesebuch S. 13	
	💻	Antolin	
	❓	Was gehört zusammen?	
Schreiben	📇	Abschreibkartei	
	📘	Lerntagebuch	
	📄	Finde 10 Fehler! Berichtige und begründe!	
Mathe	👧	5 Minuten Zeit	
	📕	S. 17 Nr. 1 Rechenkonferenz	
	📄	3 Angebote aus der Lerntheke	
	📇	Kartei aus Lerntheke	

Mitteilungen:

— (Quelle: www.zaubereinmaleins.de)

Hier wird der Vorteil von Teamarbeit deutlich. Die Vorbereitung kann arbeitsteilig erfolgen. Möglich wäre:
- Die Förderschullehrkraft bereitet die Pläne und Materialien für die Schüler mit Bedarf an sonderpädagogischer Unterstützung bzw. für die lernschwachen Schüler vor.
- Die Grundschullehrkraft übernimmt die Pläne für die leistungsstärkeren Kinder.
- Während der Planarbeit im Unterricht stehen beide Lehrkräfte als Ansprechpartner zur Verfügung.

Je mehr Schüler an unterschiedlichen Inhalten arbeiten, desto wichtiger wird die **Eigenkontrolle**. Dafür gibt es folgende Gründe:
- Die Schüler übernehmen **Verantwortung** für die eigenen Arbeitsergebnisse.
- Die Lehrkraft wird **entlastet**.
- **Unruhe** wird **vermieden**.

ÄUSSERE DIFFERENZIERUNG

Im Folgenden soll vollständigkeitshalber auch auf die äußere Differenzierung eingegangen werden. Äußere Differenzierung sollte jedoch die **Ausnahme** bilden und nur temporär erfolgen.

Die Ressource Grundschullehrkraft und Förderschullehrkraft sollte **keineswegs zur Vereinzelung** eines Schülers führen. Einzelunterricht auf dem Flur oder in extra Räumen widerspricht dem Grundgedanken eines inklusiven Unterrichts, der die **vollständige soziale Teilhabe ermöglichen** soll.

BÖNSCH unterscheidet auch hier unterschiedliche Formen, die im Folgenden erläutert werden sollen:

Formen äußerer Differenzierung nach BÖNSCH (2011, S. 73 f.):
- Gleitende Differenzierung
- Fachleistungsdifferenzierung

Gleitende Differenzierung

Unter einer gleitenden Differenzierung versteht BÖNSCH die Zusammensetzung von Lerngruppen, die möglichst nach gleicher oder doch zumindest ähnlicher Lernausgangslage zusammengestellt werden. Diese Lerngruppen arbeiten dann während eines Unterrichtsfachs z. B. in zwei von fünf Unterrichtsstunden zusammen. Aufgrund dieser äußeren Differenzierung soll den Schülern ermöglicht werden, kompetenzorientiert zu lernen. Diese Form der Differenzierung beinhaltet eine gewisse Form der Flexibilität.

> **Beispiel:**
> Ein Schüler hat noch Probleme mit der schriftlichen Multiplikation. Er geht in eine Lerngruppe, die dieses Verfahren noch einmal von Grund auf lernt.
> Nach einer gewissen Zeit hat er so gute Fortschritte erzielt, dass er in die nächsthöhere Lerngruppe wechseln kann.

Der Einsatz beider Lehrkräfte kann beispielsweise so gestaltet werden:
- Jede Lehrkraft übernimmt eine Lerngruppe.
- Die Förderschullehrkraft bringt ihr diagnostisches Fachwissen zur Bestimmung der Lernausgangslage ein.
- Beide Lehrkräfte wissen über Inhalte und Arbeitsweise der anderen Lerngruppe Bescheid. Ein Austausch ist schon deshalb wichtig, um Anknüpfungspunkte für weitere Planungen zu haben.

Fachleistungsdifferenzierung

Bei der Fachleistungsdifferenzierung wird die Einteilung der Lerngruppen nach Leistung vorgenommen. Diese Lerngruppen sind meist von längerer Dauer, grundsätzlich aber nicht starr. Ein Wechsel findet meist erst nach einem Halbjahr statt. Während es sich bei der gleitenden Differenzierung um Lerngruppen für einzelne Unterrichtsstunden eines Fachs handelt, betrifft es hier ein ganzes Unterrichtsfach. Am bekanntesten sind die sogenannten A-, B- und C-Kurse, von A nach C abgestuft, was die Leistung angeht. Bei drei Kursen wäre in jedem Fall eine weitere Lehrkraft notwendig. Wahrscheinlich würde ein Team, das sich für diese Form der Differenzierung entscheidet, die Verantwortung für den C-Kurs der Förderschullehrkraft übertragen.

POSITIVE ERFAHRUNGEN IN DER UNTERRICHTSPLANUNG

Im Folgenden beschreibe ich die Zusammenarbeit einer Grundschullehrkraft und einer Förderschullehrkraft, wie ich sie in der Grundschule erlebt habe. Zum besseren Verständnis gehe ich kurz auf die Klassensituation ein.
Die Klasse 3a setzt sich aus zwölf Mädchen und neun Jungen zusammen. dabei gibt es folgende Besonderheiten:

- Die 9-jährige **Jana** braucht sonderpädagogische Unterstützung in den Bereichen Lernen und Sprache. Sie ist gut in die Klassengemeinschaft integriert. Jana hat ein vorbildliches Arbeits- und Sozialverhalten. Sie geht sehr offen damit um, dass sie in Deutsch und Mathe lernzieldifferent unterrichtet wird. Die anderen Schüler nehmen ihre Lernfortschritte wahr und unterstützen ihren Lernprozess.
- Der 9-jährige **Lukas** erhält sonderpädagogische Unterstützung im Bereich emotionale und soziale Entwicklung. Er wird täglich zwei Stunden durch eine Schulbegleitung unterstützt. Lukas arbeitet gern für sich allein. Er ist kaum in die Klassengemeinschaft integriert.
- Der 9-jährige **Finn** hat mit viel Mühe Lesen und Schreiben gelernt. Seine Stärke liegt im mathematischen und praktischen Bereich. Im 1. Schuljahr hat er nur mit ausgewählten Personen gesprochen. Er hat keinen sonderpädagogischen, aber einen erhöhten Förderbedarf.
- Die 9-jährige **Tessa** hat ein ausgeprägtes Selbstbewusstsein. An das Einhalten der Klassenregeln muss sie häufig noch erinnert werden. Tessa ist kreativ und ausgesprochen hilfsbereit. Sie ist eines der Kinder, die differenzierte Angebote brauchen, weil sie in der Leseentwicklung noch zurückliegen.
- Auch den 8-jährigen **Lasse** haben die beiden Lehrkräfte besonders im Blick. Sein Arbeits- und Sozialverhalten entspricht noch nicht den Erwartungen. Lasse hat ein geringes Selbstwertgefühl. Seine Stärke liegt im sportlichen Bereich.

Für die oben beschriebenen Kinder schreiben die Grund- und Förderschullehrkraft kontinuierlich **Förderpläne**. Diese bilden die **Grundlage** für die gemeinsame Unterrichtsplanung. Sowohl bei Jana als auch bei Lukas stehen dabei die vollständige soziale Teilhabe sowie die Förderung des Selbstkonzeptes im Vordergrund. Beide Lehrkräfte fühlen sich **gleichermaßen** für die Förderung verantwortlich. Bei der Konkretisierung der Förderplanung werden alle notwendigen Maßnahmen, Methoden und Organisationsformen erörtert und Verantwortlichkeiten festgehalten. Dabei

bringt jede Lehrkraft ihre Kompetenzen mit ein. Dies ist in diesem Beispiel seitens der **Grundschullehrkraft** eine **fachdidaktische** Expertise sowie die **langjährige Unterrichtserfahrung**. Die **Förderschullehrkraft** bringt ihr **diagnostisches Wissen** und den besonderen **Blick auf die Ressourcen** ein.
Wenn diese Zusammenarbeit auf Augenhöhe passiert, ist sowohl ein Kompetenztransfer als auch eine beidseitige Entlastung möglich.

Literaturtipp:
Kerstin Popp/Conny Melzer/Andreas Methner:
Förderpläne entwickeln und umsetzen.
Ernst Reinhard Verlag, 2. Aufl., 2013.
ISBN 978-3-497-02213-7

Bei der Unterrichtsplanung sollten unbedingt die **Ressourcen** genutzt werden, die ein Kind mitbringt. Leitfragen können sein:
- Hat das Kind **Stärken** auf einem besonderen Gebiet?
- Aus welchen Handlungen schöpft das Kind ein **positives Selbstwertgefühl**?
- Unter welchen Umständen **lernt** das Kind aufmerksam?
- Welche **Unterstützungssysteme** können eingebunden werden?

Neben den Ressourcen müssen auch folgende Fragen zu den notwendigen **Bedingungen** des Unterrichts geklärt werden:
- **Wann** und **mit wem** kann das Kind gut lernen?
- Welche **Methoden** haben sich bereits bewährt?
- Eignen sich die Materialien zum **selbstständigen Arbeiten**?
- Welche **speziellen Hilfen** benötigt das Kind?

Die Beantwortung dieser Fragen ist für eine differenzierte Unterrichtsplanung unverzichtbar!

Linktipp:
Ausführliche Informationen zum Thema finden Sie in dem Beitrag „Förderplanung im Team" unter http://bildungsserver.berlin-brandenburg.de

BEST-PRACTICE-BEISPIELE FÜR DIFFERENZIERTE UNTERRICHTSVORBEREITUNG

Anhand der Schülerbeschreibungen sollen nun praktische Beispiele für einen differenzierten Unterricht folgen.

Jana: Bei Jana finden alle Kriterien der Differenzierung Berücksichtigung. Sie arbeitet in den Fächern Deutsch und Mathematik lernzieldifferent mit einem **Wochenplan**. Diesen **erstellt die Förderschullehrkraft nach Absprache mit der Klassenleitung**.

Am Anfang der Woche gehen eine der beiden Lehrkräfte und Jana den Plan und das dazugehörige Material gemeinsam durch. Es wird besprochen, welche Aufgaben Jana schon allein lösen kann und bei welchen Aufgaben sie Unterstützung braucht.

Für die Übungsphasen werden Materialien zusammengestellt, die eine Selbstkontrolle (z. B. Klammerkarten, Lochkästen, Karteien) ermöglichen. Die Kontrolle einiger Aufgaben übernehmen auch die Mitschüler. So schrieb Jana beispielsweise während eines festgelegten Zeitraums täglich in Zusammenarbeit mit Klassenkameraden ein Zahlendiktat am Taschenrechner, um „Zahlendreher" zu vermeiden.

Für solche Unterstützungsaufgaben können beispielsweise Kinder herangezogen werden, die ein eher geringes Selbstwertgefühl haben. In dieser Klasse wurde Lasse ausgewählt. Mit dieser Entscheidung verfolgen die beiden Lehrkräfte zwei Ziele auf einmal: Jana erfährt Unterstützung, ihr ist die positive Rückmeldung ihrer Mitschüler enorm wichtig. Lasse erlebt sein Verhalten als wertvoll, das wirkt sich positiv auf sein Selbstkonzept aus.

In der Klasse 3a ist es selbstverständlich, dass die Kinder sich gegenseitig unterstützen. Sie haben von Anfang an gelernt, dass jedes Kind sein Bestes gibt und im individuellen Tempo arbeitet.

In doppelbesetzten Unterrichtsstunden steht die Förderung des selbstständigen Arbeitens besonders im Vordergrund. Dabei haben sich **Grund- und Förderschullehrkraft** darauf **geeinigt**, erst einmal **wenige Methoden** einzuführen und regelmäßig zu üben. **Je besser das selbstständige Arbeiten klappt, desto mehr ist auch die Grundschullehrkraft in Stunden ohne Doppelbesetzung entlastet.**

Lukas: Bei Lukas ist die Steigerung der Kooperationskompetenz das vorrangige Ziel. Diese sollte zunächst in einer Partnerarbeit angebahnt werden.
Für Lukas haben sich zwei Herangehensweisen als positiv erwiesen:

- Er ist ein sehr guter Leser. Diese **Ressource** haben die beiden Lehrkräfte **genutzt**. Die Förderschullehrkraft hat ihn angesprochen und geäußert, dass sie seine Hilfe gut gebrauchen könne. Er sollte mit Jana ein Lesespiel durchführen und ihr bei schwierigen Stellen weiterhelfen. Lukas konnte sich auf diese Weise gut einlassen. Er hat Jana aufmerksam zugehört und sie an den notwendigen Stellen verbessert.
- Als Jana das Spiel verloren hatte, machte die Förderschullehrkraft Lukas auf Janas Enttäuschung aufmerksam. Sie fragte ihn, ob er eine Idee habe, wie er Jana wieder aufmuntern könne. Lukas, der bis dahin wenig Empathie gezeigt hat, legte schließlich den Arm um Jana und tröstete sie. In der Folge wurden solche Sequenzen auch auf Wunsch von Lukas durchgeführt.
- Die manifestierten Verhaltensweisen von Lukas machten es notwendig, dass diese Sequenzen durch eine Lehrkraft begleitet werden mussten. Dies ist durch die Doppelbesetzung durch eine Grund- und Förderschullehrkraft im normalen Unterrichtsalltag gut möglich.

Finn und Tessa: Bei Finn und Tessa hat die Förderschullehrkraft anhand eines ausgewählten Diagnoseverfahrens die Stufe der Leseentwicklung ermittelt. Im **gemeinsamen Austausch** haben Grund- und Förderschullehrkraft entschieden, welche **passenden Lernangebote** infrage kommen. Die Materialien, die **beide Lehrkräfte erarbeitet** haben, können auf unterschiedliche Weise genutzt werden. Sie stehen einerseits im Klassenraum und werden in freien Lesezeiten von den Kindern benutzt. Andererseits besteht auch die Möglichkeit, einzelne Materialien für das häusliche Üben mitzunehmen. Darüber hinaus haben beide Lehrkräfte beschlossen, **externe Lesepaten** einzubinden. Dies sind meist ältere Menschen, die einzelne Kinder beim Leseprozess unterstützen. Da es bei Finn anfänglich sehr schwierig war, ihn überhaupt an das Lesen heranzuführen, durfte er mit seinem Lesepaten nach einer vereinbarten Lesezeit Schach spielen.

Lasse: Bei Lasse steht die Förderung des Arbeits- und Sozialverhaltens im Vordergrund. Er profitiert in besonderer Weise vom eingeführten „Sozialzielecenter". Die Idee dazu brachte die Grundschullehrkraft aus einer Fortbildung mit:
In der Klasse gibt es immer ein **Wochenziel**, das von allen erreicht werden soll. Die Festlegung dieses Ziels besprechen **beide Lehrkräfte gemeinsam mit der**

Klasse. Dabei wird herausgearbeitet, woran man die Veränderung **visuell** und **auditiv** wahrnehmen kann. (Beispiel: Ziel: **Höflich sein**. *Ich sehe:* freundlicher Gesichtsausdruck/anderen die Tür aufhalten … *Ich höre:* danke und bitte, …)

Diese Punkte werden festgehalten. Am Ende jedes Schultages erhält die gesammte Klasse in Form eines Smileys eine Rückmeldung. Das Ziel bleibt mindestens für eine Woche bestehen.

Linktipp:
Unter www.soziale-kinder-lernen-besser.de finden Sie weitere Informationen zum Initiator, zum Katalog und zu damit in Zusammenhang stehenden Materialien.

Tipp:

Berücksichtigen Sie als Grundschullehrkraft bei der Planung, dass Sie auch Phasen ohne Doppelbesetzung im Unterricht haben werden. Nehmen Sie sich also nur so viel vor, wie auch zu schaffen ist. Besprechen Sie die „Stolperstellen" mit Ihrem Teamkollegen. Im Gespräch ergeben sich meist mehr Möglichkeiten, als man zunächst denkt.

ERFAHRUNGEN IN DER MATERIALNUTZUNG UND -ERSTELLUNG

Differenzierte Angebote erfordern oft einen großen Materialumfang. Häufig fühlen sich Lehrkräfte überfordert, diesen Arbeitsaufwand zu leisten.
Die gute Nachricht zuerst: Immer mehr Lehrwerke geben neben Buch und Arbeitsheft auch **CD-ROMs** sowie **Förder- und Forderhefte** heraus. Diese Hefte sind Verbrauchsmaterial und müssen von den Eltern angeschafft werden. Die **Empfehlung zur Anschaffung** kann z. B. von der **Grund- und Förderschullehrkraft** während eines **Förderplangesprächs** erfolgen.

Lesen Sie im Folgenden, wie Sie an Ihrer Schule durch **Teamarbeit** die **Materialerstellung und -beschaffung gemeinsam** organisieren können.

3 Classroom-Management im inklusiven Klassenzimmer

Im Lehrerberuf ist es üblich, dass die Lehrkräfte einen großen Fundus an Materialien zu Hause haben. Häufig wächst dieser über Jahre kontinuierlich an und die Arbeitszimmer werden immer voller.

Tipp

Verlagern Sie die Aufbewahrung des Materials in die Schule. Die notwendigen Kosten sollte die Schule tragen!

Um eine Materialsammlung an Ihrer Schule einzurichten, sollten Sie **systematisch vorgehen**:

- Eruieren Sie zunächst in den einzelnen Fachkonferenzen den Bedarf an notwendigen Materialien. Die **Förderschullehrkraft** sollte auf jeden Fall mit **einbezogen werden**. Sie kann **die Sammlung im Hinblick auf sonderpädagogische Förderung ergänzen**.
- Laden Sie einzelne Verlage bzw. Schulvertreter ein, Ihnen Arbeitsmaterialien vorzustellen. **Schullizenzen** können Sie im Gegensatz zu Einzellizenzen in Ihrem Materialpool zur Verfügung stellen.
- Kollegen, die gute Erfahrungen mit Materialien gemacht haben, können diese Erfahrungen an das Kollegium weitergeben.
- Manches Material muss relativ aufwändig erstellt werden (kleben, laminieren, schneiden). Diese Arbeit kann z. B. in einer Fachkonferenz gemeinsam erfolgen. Eventuell unterstützen auch engagierte Eltern Ihr Vorhaben.
- Wahrscheinlich möchten Sie mehr Materialien anschaffen, als der Etat hergibt. Nehmen Sie dann eine Gewichtung nach Priorität vor. Vielleicht kann auch einmalig ein außerordentlicher Etat beantragt werden. Möglicherweise kann auch der Förderverein einen Beitrag leisten.
- Alle Materialien sollten registriert sein und einen festen Standort in der Schule haben. Wie in einer Bibliothek kann es ein Ausleihverfahren geben.
- Ein oder zwei ausgewählte Lehrkräfte sollten dann regelmäßig die Vollständigkeit sowie den Zustand der Materialien prüfen. Dies könnte z. B. die Fachkonferenzleitung oder ein rotierendes Team aus ein oder zwei Lehrkräften sein.

Der Austausch käuflicher Materialien unterliegt natürlich Regeln. Beachten Sie die rechtlichen Vorgaben zum **Urheberrecht**.
Hier finden Sie die entsprechenden Informationen:
www.schulbuchkopie.de

In regelmäßig stattfindenden Teamsitzungen können sich Grund- und Förderschullehrkraft besprechen, welche Materialien sie benutzen wollen. Es kann hilfreich sein, neue Materialien, wie z. B. ein Lernspiel, auch mal auszuprobieren. Die Frage, was ein Kind braucht, ergibt sich aus der unterrichtsbegleitenden Diagnostik und der Förderplanung.
Die Absprachen zur Materialorganisation sind für den differenzierten Unterricht ein wichtiger Bestandteil der Teamarbeit.

Beipiel:
Eine Teambesprechung kann Folgendes ergeben:
Sie planen eine Einheit. Wenn Sie nach dem Modell des Teamteachings arbeiten, entscheiden Sie gemeinsam, nach welchen Kriterien differenziert werden soll. Bei der Planung berücksichtigen Sie auch die Fördermaßnahmen, die im Förderplan festgehalten wurden. Dann legen Sie fest, welche Materialien für die Umsetzung im Unterricht geeignet sind. Je nach Zeitkontingent können Sie die Materialerstellung nun gemeinsam oder nach Absprache auch getrennt vorbereiten. Dafür gibt es keine Richtlinien.

Der Einsatz der Förderschullehrkraft richtet sich auch nach den Ressourcen vor Ort. Eine Förderschullehrkraft, die nur zwei Stunden in der Woche in einer Klasse arbeitet, kann nicht jedes Arbeitsblatt für ein Kind mit Bedarf an sonderpädagogischer Unterstützung vorbereiten. Es geht im inklusiven Unterricht auch um Beratung und einen Kompetenztransfer!

Linktipps:

Ein großes Angebot an Differenzierungsmaterialien finden Sie unter folgenden Internetadressen:

www.verlagruhr.de
Hier finden Sie eine große Anzahl an Lernwerkstätten, Arbeitsblättern und weiteren Materialien.

www.zaubereinmaleins.de
Hier finden Sie zahlreiche Spiele, Arbeitsblätter und weitere Anregungen für die Fächer Deutsch, Mathematik und Sachunterricht. Sie müssen sich einmalig kostenpflichtig registrieren lassen.

www.mathemonsterchen.de
Auf dieser Seite können Sie sich kostenlos umfangreiches Material in Form von Spielen, Wendekärtchen, Anschauungsmaterial, Arbeitsblättern und Knobelaufgaben herunterladen.

www.medienwerkstatt.de
Hier werden zahlreiche CD-ROMs mit ausgewählten Materialien sowohl für den Anfangsunterricht als auch für den Unterricht in Klasse 3 und 4 angeboten. Besondere Berücksichtigung finden die Fächer Deutsch, Mathematik, Englisch und Sachunterricht. Über einen Onlinezugang im Abonnement können jederzeit aktuelle Materialien heruntergeladen werden.

www.paedalogis.de
Hier können Sie Differenzierungsmaterial für den Förderschwerpunkt Sprache bestellen.

Schüler mit einem Bedarf an sonderpädagogischer Unterstützung in den Bereichen Sehen, Hören und Körperlich-motorische Entwicklung benötigen häufig spezielle **Hilfsmittel**. Dies kann im Bereich Sehen beispielsweise das Bildschirmlesegerät, im Bereich Hören eine drahtlose Signalübertragungsanlage (FM-Anlage) und im Bereich Körperlich-motorische Entwicklung angepasstes Sitzmobiliar sein. **Mobile Dienste** beraten die Grund- und Förderschullehrkraft in solchen speziellen Fragen und können ggf. auf weitere Ansprechpartner, wie Sozialpädiatrische Zentren, Schulpsychologen, Autismusambulanzen, Fachberater etc., verweisen. Für den sachgerechten Umgang mit diesen Hilfsmitteln empfiehlt sich eine **Hospitation** an einer Schule, die bereits damit arbeitet. Diese Hospitation sollte unbedingt **im Team** erfolgen, um eine mögliche Anschaffung fachkompetent und gründlich zu erörtern.

STUNDENEINSTIEG, ARBEITSPHASE UND ERGEBNISSICHERUNG IM TEAM

Wie kann man nun die Ressource „zwei Erwachsene" sinnvoll im Stundenverlauf einsetzen, sodass alle Beteiligten einen effektiven Nutzen davon haben?
Im Folgenden wird eine Deutschstunde in der Klasse 3a der besagten Grundschule mit sonderpädagogischer Grundversorgung mit den bereits beschriebenen Kindern dargestellt. Die Unterrichtsstunde wurde von beiden Lehrerinnen **gemeinsam vorbereitet** und im **Team** durchgeführt. Grund- und Förderschullehrkraft sind sieben Stunden pro Woche doppelt besetzt. Die **Zusammenarbeit beruht auf einer langjährigen, vertrauensvollen und wertschätzenden Basis.**
Die Schüler sollen sich in einer Lesekonferenz einen Erzähltext erschließen und ein Textende erarbeiten.

Was ist die Lesekonferenz?

Die **Lesekonferenz** ist ein **Gruppenverfahren**, in dem sich drei bis vier Schüler gemeinsam einen Text nach einem festgelegten **Ablaufschema** erschließen:
1. Text allein lesen
2. Text abwechselnd Satz für Satz oder absatzweise lesen
3. Fragen zum Text beantworten
4. Text mündlich zusammenfassen
5. gemeinsam überlegen, wie der Text weiter gehen könnte
   Der Vorteil gegenüber einer Einzelarbeit oder Partnerarbeit liegt darin, dass die Schüler sich durch unterschiedliche Kompetenzen und die Übernahme einer Rolle gegenseitig unterstützen und miteinander über das Gelesene ins Gespräch kommen.

Literaturtipp:
Katharina Sorbe:
Lesekonferenzen.
Differenziertes Material zur Leseförderung. Band 1.
BVK, 2008.
ISBN 978-3-86740-100-5
Hier finden Sie ausführliche Informationen, Texte und Bildkarten zur Durchführung einer Lesekonferenz.

Die Gruppen für die Lesekonferenz sind vorrangig nach Leseniveau zusammengestellt, damit jeder Schüler **entsprechend seiner Lesekompetenz** einen Text bearbeiten kann. Es gibt **drei unterschiedlich lange Texte** auf Basis der gleichen Geschichte, die jeweils an unterschiedlichen Stellen der Geschichte enden (Gruppe 1: relativ früh, Gruppe 2 + 3: etwas später, Gruppe 4 + 5: noch später). Bei allen Texten ist das Ende offen und muss weitererzählt werden.
Der kurze und der mittlere Text sind mit dem **Silbengenerator** aufbereitet.

Der „**Silbengenerator**" ist eine Software aus dem Mildenberger-Verlag. Er gehört in die Reihe „ABC der Tiere". Sie können damit einen digitalen Text einfach und schnell in einen Lesetext mit farbigen Silbentrennern umwandeln. Diese farbige Markierung ist vor allem für leseschwache Schüler eine gute Hilfe.

Linktipp:
Hier finden Sie weitere Informationen zum „ABC der Tiere" und dem „Silbengenerator": www.mildenberger-verlag.de

Für den **Einstieg** wählen die Lehrkräfte ein Bild, das von den Schülern betrachtet und kommentiert werden soll. Der Einsatz des Bildes soll die Kinder neugierig auf den Text machen. Durch diese Phase **führt die Förderschullehrkraft**. Die **Grundschullehrkraft beobachtet** das Unterrichtsgeschehen.

Anschließend arbeiten die Schüler in ihren **Lesekonferenzgruppen** zusammen. Das **Augenmerk der Förderschullehrkraft** liegt bei den Kindern, für die **das Lesen** in kooperativen Settings eine **besondere Herausforderung** darstellt. **Unterstützungsbedarf** kann notwendig werden **beim Erlesen und Verstehen von unbekannten Wörtern**.

Die **Grundschullehrkraft** richtet ihr **Augenmerk auf die leistungsstärkeren Schüler**. Sie nimmt vornehmlich eine **beobachtende Rolle** ein. Bei Bedarf setzt sie **proaktive Methoden** (Loben, Spiegeln, Umlenken, Umstrukturieren) ein, um Unterrichtsstörungen nicht aufkommen zu lassen, oder gibt **Impulse**, damit die Weiterarbeit voranschreiten kann.

Die beiden Lehrkräfte wählen bewusst den **Einsatz kooperativer Lernformen**, da sie sich die evaluierten Effekte dieser Lehr- und Lernmethoden zunutze machen wollen. Dazu (vgl. BOCHMANN/KIRCHMANN, 2006) zählen:

- zunehmendes Leistungsniveau
- wachsendes Selbstwertgefühl
- größere Toleranz von Unterschieden
- die Zunahme positiver Einstellungen zum Lernen

Literaturtipp:
Reinhard Bochmann/Ruth Kirchmann:
Kooperatives Lernen in der Grundschule.
Zusammen arbeiten – Aktive Kinder lernen mehr.
NDS Verlagsges., 2006.
ISBN 978-3-87964-307-3

Sie setzen Rollenkärtchen (Reihenfolgekontrolleur, Zeitmanager, Berichterstatter und Flüsterstimmenmanager) ein, um das Verantwortungsbewusstsein für den Gruppenprozess zu fördern.

Die Phase der **Ergebnissicherung leitet die Grundschullehrkraft** an. Sie fordert zunächst Gruppe 1 auf, ihr Ende zu erzählen. Anschließend berichten Gruppe 2 und 3, wie die Geschichte tatsächlich weitergegangen ist, und fügen ihr Ende hinzu. Als Nächstes berichten die Gruppen 4 und 5, wie die Geschichte wirklich weiter gegangen ist, und fügen wiederum ihr Ende hinzu.

Die Grundschullehrkraft achtet in dieser Phase besonders auf die Einhaltung der Gesprächsregeln. Die **Förderschullehrkraft beobachtet** das Unterrichtsgeschehen und sendet nonverbale Signale an einzelne Schüler aus, um deren Aufmerksamkeit auf die Berichterstatter zu fokussieren.

Die Phase der Ergebnissicherung endet damit, dass die Grundschullehrkraft das wirkliche Ende der Geschichte vorliest.

Der **Abschluss** der Unterrichtstunde liegt in der Verantwortung der **Förderschullehrkraft**. Sie bittet die Schüler, die Zusammenarbeit ihrer Gruppe mithilfe der 3-Finger-Methode zu reflektieren.

Was ist die 3-Finger-Methode?

Mithilfe der 3-Finger-Methode können Schüler schnell und ohne weiteren Aufwand der Lehrkraft eine Rückmeldung zu einer bestimmten Fragestellung geben.
Die Frage könnte lauten: **Wie gut hat die Zusammenarbeit in der Gruppe geklappt?** Drei Finger bedeuten, alles war prima, zwei Finger geben an, dass es mittelmäßig geklappt, ein Finger bedeutet, dass die Zusammenarbeit noch nicht so gut geklappt hat.

FAZIT

In diesem Kapitel sind Kriterien für die Differenzierung von Unterricht nach BÖNSCH (2011) anhand von Teamarbeit dargestellt und durch Beispiele erläutert worden. Nicht alle Kriterien müssen sofort umgesetzt werden: „Der Weg ist das Ziel." Als Team wählen Sie bezogen auf Ihre Lerngruppe aus und beschließen, mit einem oder zwei Kriterien zu beginnen.

4 DIFFERENZIERTEN UNTERRICHT IN DER SEKUNDARSTUFE I IM TEAM ERFOLGREICH GESTALTEN (SILKE LÜHMANN)

BESONDERHEITEN UND ERFAHRUNGEN BEI DER UNTERRICHTSPLANUNG

Bedingt durch das gegliederte Schulsystem in Deutschland ist Inklusion für viele Lehrkräfte in der Sekundarstufe schwer vorstellbar. Zuerst werden die Schüler in verschiedene Schulformen sortiert, dann soll plötzlich Inklusion stattfinden? Das widerspricht sich. Viele Lehrkräfte weiterführender Schulen haben eine Ausbildung genossen, deren Schwerpunkt in keinster Weise auf der sich jetzt durchsetzenden Heterogenität lag; sie sehen sich vor vollkommen neuen Herausforderungen. Auch die schon erwähnte Einzelkämpfermentalität ist bei Lehrern einiger weiterführender Schulformen, insbesondere des Gymnasiums, sehr ausgeprägt. Das Unterrichten im Team scheint zunächst einmal viel Vorbereitungsaufwand sowie eine Öffnung mit sich zu bringen, die man gar nicht unbedingt möchte.

Integrierte Gesamtschulen bieten als einzige Schulform traditionell die Möglichkeit, einen inklusiven Unterricht konsequent umzusetzen. Sie sehen die **Heterogenität der Schüler als Chance und Bereicherung** an und haben die Unterrichtsorganisation bereits auf die Unterschiedlichkeit ihrer Schülerschaft abgestimmt. Die Verschiedenheit der Schüler wird eingeplant und die Lehrkräfte arbeiten nach dem Grundsatz: „**Es ist normal, verschieden zu sein.**"
Gesamtschüler kennen beispielsweise offene Arbeitsformen, wie **freie Arbeit, Wochenplanarbeit** oder **Projektunterricht**. Sie lernen so, Verantwortung für ihr eigenes Lernen zu übernehmen. Diese Kompetenz und die Sozialkompetenz, die in Gesamtschulen besonders gefördert wird, können als eine Ressource bei der Gestaltung des inklusiven Unterrichts in der Sekundarstufe angesehen werden.
Aber auch alle anderen Schulformen, vom Gymnasium bis zur Hauptschule, werden durch die völkerrechtlich verankerte Pflicht zur Umsetzung der UN-Behindertenrechtskonvention und die aktuelle Schulgesetzgebung in allen Bundesländern vor die Aufgabe gestellt, **alle Schüler** – diejenigen mit einer geistigen Beeinträchtigung ebenso wie die hochbegabten – **aufzunehmen**, wenn deren Eltern dies wünschen.

Nach einer Untersuchung von PREUSS-LAUSITZ (1997) in integrativen Klassen des 5. und 6. Jahrgangs gaben 86 % der Lernenden auf die Frage „Was gefällt dir an der Schule?" die Antwort: „Dass man anderen Kindern helfen kann." Es ist erwiesen, dass bei Heranwachsenden eine grundsätzliche Bereitschaft besteht, ihren

Mitschülern beim Lernen im Unterricht zu helfen (vgl. KRÄMER-KILIÇ, 2013). Darüber hinaus lernen Kinder und Jugendliche umso effektiver, wenn sie die Möglichkeit erhalten, ihr Wissen anderen zu vermitteln. Außerdem „gelingt es Peers in der Regel, Aufgaben verständlicher zu erklären, als Erwachsene dies können" (ebenda, S. 72).

Die **Ressource Mitschüler** kann im inklusiven Unterricht also dann wirksam werden, wenn Veränderungen von Sozialformen und Unterrichtsmethoden, die an vielen Grundschulen selbstverständlich sind, in der Sekundarstufe fortgeführt werden.

Inklusiver Unterricht in der Sekundarstufe:
- vermehrter Einsatz von **kooperativen und offenen Lernformen** für soziale Begegnungen beim Lernen
- Berücksichtigung der **Differenzierungskriterien** nach BÖNSCH (vgl. Kapitel 3, S. 56–64).

In einem auf diese Art veränderten offenen Unterricht kommen alle Schüler zu ihrem Recht; auch solche, die auf stärkere Strukturierung und eine direkte Instruktion angewiesen sind.

Die verschiedenen Lehrkräfte/zusätzlichen Erwachsenen im inklusiven Klassenzimmer
- **fördern,**
- **beraten**
- **und leiten die Schüler an.**

Sie fühlen sich verantwortlich für den Gesamtprozess und **sind für alle Schüler zuständig**.

Welche Herausforderungen werden in diesem Zusammenhang an die Lehrkräfte unterschiedlicher Schulformen gestellt und wie kann das Zusammenspiel optimal funktionieren? Das soll in diesem Kapitel anhand von Best-Practice-Beispielen aufgezeigt werden.

Erfahrungsgemäß sind es nicht die Jugendlichen, die Berührungsängste und Probleme mit dem inklusiven Unterricht haben. Oft sind es **Haltungen** und **Wertvorstel-**

lungen von Lehrkräften, die im Zusammenhang mit inklusivem Unterricht überdacht und verändert werden müssen. Um es mit dem französischen Schriftsteller FRANCIS PICABIA (1879–1953) zu sagen:
Der Kopf ist rund, damit das Denken die Richtung wechseln kann.

Es geht darum, die **Chancen**, die eine inklusive Schule bietet, auch im Interesse der Lehrkräfte in der Sekundarstufe so zu nutzen, dass **Unterricht im Team zur Entlastung** wird und das Unterrichten Spaß macht.

GELINGENSBEDINGUNGEN FÜR DIE TEAMARBEIT IN DER SEKUNDARSTUFE

In den Schulen des Sekundarbereiches unterrichten – im Gegensatz zu Grundschulen – in der Regel **viele verschiedene Fachlehrkräfte** die einzelnen Klassen oder Kurse. Einzelne Lehrkräfte erteilen Fachunterricht in verschiedenen Lerngruppen und unterrichten eine Vielzahl von Jugendlichen. Eine Förderschullehrkraft, die in der Sekundarstufe tätig ist, arbeitet dementsprechend mit einer größeren Anzahl von Lehrkräften in verschiedenen Unterrichtsfächern zusammen. An Förderschullehrkräfte werden insofern **fachdidaktisch hohe Anforderungen** gestellt. Sie müssen in Absprache mit dem Partner sehr verschiedene Unterrichtsinhalte fachlich differenzieren und sind idealerweise gleichzeitig Ansprechpartner für alle Schüler innerhalb einer Klasse – so, wie die andere Lehrkraft auch; nur dass diese das Fach im Zweifelsfall explizit studiert hat. Nach Absprache im Team übernehmen sie Teile des Fachunterrichts (**vgl. Download 1.5, Aufgaben im Team**).

Hier ist eine genaue Absprache hinsichtlich der Aufgabenverteilung besonders wichtig. Beide Lehrer sollten sich gleichermaßen wohl und kompetent in ihrer Rolle fühlen; da können in einzelnen Stunden immer wieder individuelle Lösungen erforderlich sein.

Der Einsatz der Förderschullehrkräfte kann grundverschieden sein: Im Idealfall arbeitet eine Förderschullehrkraft an einer Schule des Sekundarbereiches I in einem mehrzügigen Jahrgang. WOCKEN fordert eine sonderpädagogische Grundausstattung jeder einzelnen Schule und spricht sich für ein Modell aus, das verlässlich eine

Förderschullehrkraft für vier Klassen bzw. 100 Schüler vorsieht (vgl. WOCKEN 2013, S. 98). Bei diesem Modell „werden wir in naher Zukunft auf die Behindertenkategorien (…) verzichten können", so WOCKEN (ebenda). In diesem Fall sind nach Absprache alle verschiedenen Formen des Co-Teaching möglich und sinnvoll. Die Förderschullehrkraft ist in diesem Fall fest im Kollegium der allgemeinen Schule verankert, kann mit in eine Klassenleitung gehen und eigene Schwerpunkte in den Bereichen Diagnostik, Beratung und Unterricht setzen.

Möglich und häufig zu beobachten ist zurzeit leider aber noch ein anderes Modell, vor allem an den gegliederten Schulen des Sekundarbereiches:
Die Förderschullehrkraft ist an mehreren Schulen tätig und hat neben ihrer Rolle als Klassenlehrkraft an „ihrer" Förderschule zwei oder mehrere andere allgemeine Schulen zu „versorgen". In diesem Fall ist es oft leider lediglich möglich, dass sie punktuell diagnostisch tätig ist, Einzelförderung betreibt und – wenn die Zusammenarbeit mit den Fachlehrkräften sehr positiv verläuft – den Unterricht mit unterstützt und/oder gezielt Fördermaterial für einzelne Schüler erarbeitet und zur Verfügung stellt. Eine gleichberechtigte Zusammenarbeit im Unterricht ist nur in Ausnahmefällen möglich, aber nicht ausgeschlossen.

Die folgenden **vier Merkmale** sind für gelingende Teamarbeit in der Sekundarstufe unerlässlich:

1) **Eine positive Grundhaltung zum Thema Inklusion**
   - Alle Beteiligten gehen positiv und aufgeschlossen an die neuen Aufgaben heran.
   - Inklusion wird als Prozess innerhalb der Schulentwicklung angesehen.
   - Mit den Stärken und Schwächen aller im Prozess beteiligten Personen wird offen umgegangen.

2) **Die Schulleitung übernimmt eine besondere Verantwortung. Sie fördert die Teamarbeit, indem sie**
   - ihr Kollegium darin unterstützt, an Fortbildungsangeboten teilzunehmen und in Schulen zu hospitieren, die bereits erfolgreich inklusiv arbeiten.
   - Stunden für Teamsitzungen in der Stundentafel ausweist und durch Teamarbeit zeitlich besonders belastete Kollegen entlastet, z. B. durch die Reduzierung von Aufsichten oder die Reduzierung der Teilnahme an Konferenzen.
   - die Eltern- und Schülervertretung in den Prozess der inklusiven Schulentwicklung einbindet, z. B. durch die Einrichtung einer Steuergruppe.

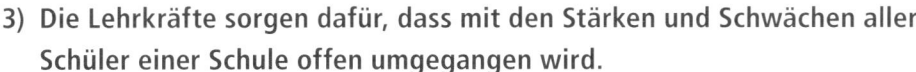

3) **Die Lehrkräfte sorgen dafür, dass mit den Stärken und Schwächen aller Schüler einer Schule offen umgegangen wird.**
   - Sie thematisieren, wer innerhalb der Lerngruppe welche Hilfsmittel oder welches Differenzierungsmaterial für seinen individuellen Lernfortschritt benötigt.
   - Sie unterscheiden **nicht** die „I-Schüler" oder „Förderkinder", wie sie an vielen Schulen verbreitet benannt werden, sondern es gibt die verschiedensten Mitschüler, wie z. B. Mario, der Probleme beim Schreiben hat, aber gut in Mathe ist, Paul, der noch lernen muss, im Team zu arbeiten, aber sehr musikalisch ist, Denise, die in Mathe Unterstützung benötigt, aber dafür wunderbare Geschichten schreiben kann, oder Marie, die im Rollstuhl sitzt und täglich eine Stunde im Stehtrainer stehen muss, damit sich ihre Muskulatur entspannt, die aber beim Armdrücken meistens Siegerin ist.
   - Sie informieren bei Elternabenden über dieses erzieherische Prinzip.

4) **Alle der Schule zustehenden personellen, sächlichen und räumlichen Ressourcen werden genutzt.**
   - Schulleitung und Lehrkräfte achten auf einen pädagogisch sinnvollen Einsatz personeller Ressourcen.
   - Schüler, die zieldifferent unterrichtet werden und zusätzliche Förderschullehrer- und/oder Schulbegleiterstunden mitbringen, können in einzelnen Klassen gebündelt werden, um personelle Ressourcen zu konzentrieren.
     Zur Erläuterung: Achtet man bei der Klassenzusammenstellung darauf, dass drei bis fünf Schüler mit unterschiedlichen Bedarfen an sonderpädagogischer Unterstützung gemeinsam in einer Klasse unterrichtet werden, so ist es möglich, die Unterrichtsstunden von Fach- und Förderschullehrkraft zu bündeln. Förderschul- sowie Regelschullehrkräfte können beispielsweise gemeinsam die Klassenleitung übernehmen. Zusätzlich kann Personal, wie beispielsweise die Schulbegleitung, eingebunden werden.
     Eine fast durchgängige Doppelbesetzung in allen Unterrichtsstunden ist somit häufig das Ergebnis.
     Klassen mit verschiedenen Schülern mit Bedarfen an sonderpädagogischer Unterstützung sind beispielsweise in Niedersachsen aufgrund der Doppelzählung dieser Schüler in der Regel deutlich kleiner und alle Mitglieder des Teams sind dadurch entlastet.
   - Zu viele Erwachsene im Unterricht können jedoch das soziale Miteinander der Jugendlichen beeinträchtigen.

In der Sekundarstufe spielen **personelle Ressourcen** also eine besonders wichtige Rolle für die Teamarbeit. Sie vermitteln den Lehrkräften die Sicherheit, den heterogenen Lernanforderungen in einer Klasse gemeinsam gerecht werden zu können. Sie sind darüber hinaus notwendig, weil der Schultag oft bis in die Nachmittage hineinreicht.

Wenn alle personellen Ressourcen ausgeschöpft werden, kann dies **eine Grundlage** für erfolgreiche inklusive Arbeit sein. Dazu sollten zunächst **die Schulleitungen**, aber unbedingt auch die **Eltern und Erziehungsberechtigen** einzelner Schüler mit Bedarf an sonderpädagogischer Unterstützung darüber informiert sein, welche dieser Ressourcen ihnen zustehen. Das variiert von Bundesland zu Bundesland. Die Schulleitungen haben in Niedersachsen beispielsweise die Aufgabe, für Schüler mit Bedarf an sonderpädagogischer Unterstützung in den Förderschwerpunkten Geistige Entwicklung oder Körperlich-motorische Entwicklung „Pädagogische Mitarbeiter in unterrichtsbegleitender Funktion" analog zu denen der Förderschulen beim Land zu beantragen. Diese stehen bis zu fünf Stunden pro Kind wöchentlich in unterrichtsbegleitender Funktion zur Verfügung. Diese Fachkräfte sind Landesbedienstete und arbeiten analog zu den Pädagogischen Mitarbeitern der Förderschulen.

Eltern und Erziehungsberechtigte hingegen sollten für ihre Kinder Schulbegleitungen auf der Grundlage des Sozialgesetzbuches im Rahmen der Eingliederungshilfe anfordern. Dies sollte unbedingt in Absprache mit der Schule getan werden, um eine angemessene Beschulung einzelner Schüler zu gewährleisten.

Insgesamt geht es in allen Unterrichtsstunden um **Doppelsteckung** von verschiedenen Mitgliedern des Gesamtteams.

Eine beispielhafte Darstellung für das Bundesland Niedersachsen über zusätzliche personelle Ressourcen für den inklusiven Unterricht finden Sie im **Download 4.1, Personelle Ressourcen**, dieses Ratgebers.

Schüler, die **zieldifferent in Anlehnung an die kerncurricularen Vorgaben der jeweiligen Förderschule beschult werden**, müssen nicht in jedem Unterricht binnendifferenziert gefördert werden. Sie können ein anerkanntes vollwertiges Mitglied ihrer Klasse sein, auch wenn sie **zeitweise im Parallelunterricht** (z. B. während des Latein- oder Französischunterrichts, vgl. auch S. 49 f. in diesem Ratgeber) nach den curricularen Vorgaben der jeweiligen Förderschule unterrichtet werden. Innere Differenzierung ist sicher so weit wie irgend möglich wünschenswert; manchmal lässt sich äußere Differenzierung jedoch nicht vermeiden.

Beispiel:
Nehmen wir dazu das Beispiel einer inklusiven 5. Klasse an der Schule, an der ich arbeite:

In dieser Klasse werden fünf Schüler mit Bedarf an sonderpädagogischer Unterstützung in den Bereichen Geistige Entwicklung und Lernen zieldifferent unterrichtet. Alle Fachlehrer sind wie üblich in ihren Unterrichtsfächern eingesetzt. In den sogenannten „Hauptfächern", wie in Mathematik, Deutsch und Englisch, gibt es möglichst häufig eine Parallelsteckung, also eine Doppelbesetzung, durch eine Förderschullehrkraft, da die inhaltliche Vorbereitung dieser Unterrichtsstunden wie auch die Durchführung besonders intensiv ist. In weiteren Unterrichtsfächern werden Pädagogische Mitarbeiter oder Schulbegleiter eingesetzt. Diese haben die Aufgabe, einzelne Schüler innerhalb der Gruppe zu unterstützen.

Zeitweise ist es auch sinnvoll, mit drei Personen im Unterricht vertreten zu sein.

Spezielle Unterrichtsangebote für einzelne Schüler mit Bedarf an sonderpädagogischer Unterstützung im Bereich Geistige Entwicklung werden als Parallelangebote gesteckt (z. B. Hauswirtschaft/Orientierungstraining). Hier arbeiten Förderschullehrer zeitweise mit Schülern aus verschiedenen Klassen und Jahrgängen. Die Therapieangebote für einzelne Schüler laufen ebenfalls parallel zum Unterricht. Die Pädagogischen Mitarbeiter sowie die Schulbegleiter unterstützen einzelne Schüler in diesem Unterricht und sind daher fester Bestandteil eines Teams.

Somit ergeben sich **verschiedene Arbeitsmöglichkeiten des Teams**:
- Fachlehrkraft und Förderschullehrkraft
- Fachlehrkraft, Förderschullehrkraft und Pädagogischer Mitarbeiter bzw. Schulbegleitung
- Fachlehrkraft und Pädagogischer Mitarbeiter
- Fachlehrkraft und Schulbegleitung
- Förderschullehrkraft und Pädagogischer Mitarbeiter bzw. Schulbegleitung

Auch wenn im Folgenden der Schwerpunkt auf Fachlehrkraft und Förderschullehrkraft liegt, mag es ganz interessant sein, die verschiedenen Möglichkeiten und Potenziale, die sich daraus ergeben, zu prüfen.

Entsprechend der personellen Besetzung der einzelnen Unterrichtsstunden finden die verschiedenen Formen des gemeinsamen Unterrichtens (vgl. Kapitel 1, S. 17 ff.) Berücksichtigung.

Tipp

Nehmen Sie sich in der Planungsphase des Schuljahres sowie in den ersten Wochen der gemeinsamen Arbeit genügend Zeit, um mit allen Beteiligten notwendige organisatorisch und pädagogisch wichtige Dinge zu besprechen. **Die zu Beginn investierte Teamzeit zahlt sich aus!** Siehe dazu auch die **Vorlagen im Download**.

FAZIT

Inklusiver Unterricht in der Sekundarstufe kann gelingen, wenn die Lehrkräfte **Haltungen** und **Unterrichtsmethoden** im Hinblick auf die neuen Anforderungen überdenken und verändern und Ressourcen ausschöpfen. Angeknüpft werden kann an die **Erfahrungen der Schüler mit inklusivem Unterricht** in der Grundschule, oft kennen sie schon offene Arbeitsformen und entsprechende Unterrichtsmethoden. Die **Unterstützung der Schulleitung**, insbesondere bei der Ausschöpfung personeller Ressourcen, der Entlastung einzelner Kollegen und der **Stundenplangestaltung**, ist eine wichtige Gelingensbedingung. Schließlich spielen gemeinsame **Unterrichtshospitationen** und der Besuch von **Fortbildungsveranstaltungen** gerade in der Sekundarstufe eine große Rolle, damit der Auftrag des Unterrichtens im Team weiterentwickelt werden kann.

Im Folgenden sollen nun einige konkrete Unterrichtsbeispiele das mögliche Zusammenspiel zwischen Fachlehrer und Förderschullehrkraft demonstrieren.

BEISPIELE AUS DEM DEUTSCHUNTERRICHT

KOMPETENZBEREICH LESEN – MIT TEXTEN UMGEHEN

Ein Literaturprojekt zum Thema „Emil und die Detektive" von Erich Kästner

Die Deutschfachlehrkraft wählt für die 5. Klasse den Roman „Emil und die Detektive" als Klassenlektüre aus. Die thematischen Schwerpunkte des Romans haben für Heranwachsende einen hohen Aufforderungscharakter: Eine Freundesgruppe macht einen lange gesuchten Bankräuber dingfest. Darüber hinaus geht es in der Geschichte um die Übernahme von Verantwortung (Geld für die Oma nach Berlin bringen) und um das Erwachsenwerden bzw. „groß sein".

Der Inhalt dieser Lektüre wird in einer heterogenen Lerngruppe vermittelt. In der Klasse sind Jugendliche, die völlig unterschiedliche Lernvoraussetzungen und Kompetenzen im Fach Deutsch mitbringen. So gibt es Schüler, die über zu wenig Lesekompetenz verfügen, um sich Textinhalte selbstständig zu erschließen. Andere sind unruhig und arbeiten unkonzentriert im Unterricht. Etwa fünf Schüler verfügen über eine hohe Lese- und Sprachkompetenz.

Allen sollen die Inhalte dieses Jugendromans vermittelt werden. Sie sollen entsprechend ihrer Lernvoraussetzungen Möglichkeiten zur individuellen Auseinandersetzung mit dem Roman erhalten und ihre jeweiligen Kompetenzen erweitern.

Wie im Rahmen des Literaturprojektes im Team unterrichtet werden soll, ist Thema mehrerer Besprechungen.

Beide Lehrkräfte einigen sich, dass sie gemeinsam für die Gesamtplanung der Unterrichtseinheit verantwortlich sind. Außerdem fühlen sie sich beide für den Lernfortschritt aller Schüler zuständig.

Das Lehrerteam bereitet sich auf diese Aufgaben folgendermaßen vor:
- Diskussion über die **Bedeutsamkeit der Unterrichtsinhalte** für einzelne Schüler
- Bestimmung inhaltlicher **Schwerpunkte der Unterrichtseinheit**
- **Sichtung** bereits vorhandenen **Unterrichtsmaterials**
- Absprachen über **Beschaffung** (und ggf. Herstellung) **spezieller Materialien**

>> Vereinbarungen über **Grundsätze der Unterrichtsführung**
>> Besprechung möglicher Formen der **Differenzierung** sowie der **Unterrichtsmethodik**
>> Absprachen zur Einbeziehung der **Schüler als Helfer oder Tutoren**
>> **personelle und räumliche Ressourcen** zielführend einsetzen.

Als Sozialformen sieht das Lehrerteam gemeinsame frontale Unterrichtsphasen mit Unterrichtsgesprächen, Gruppenaktivitäten, Partnerarbeit, Einzelarbeit und Selbststudium vor.

Nach einer intensiveren Planungsphase kann die anschließende „Feinplanung" telefonisch oder auch per E-Mail erfolgen.

>> Für die Unterrichtsplanung der Förderschullehrkraft ist es notwendig, dass sie die **konkrete Planung einzelner Unterrichtsstunden** von der Fachlehrkraft möglichst frühzeitig zur Verfügung gestellt bekommt.
>> Die Förderschullehrkraft hat sodann die Aufgabe, auf Grundlage dieser Informationen **differenzierte Aufgaben** für einzelne Schüler zu stellen. Für den Fall, dass die Förderschullehrkraft nicht in allen Unterrichtsstunden parallel gesteckt sein kann, sollten die zieldifferent unterrichteten Schüler mithilfe dieses Materials weiterarbeiten können. Die Förderschullehrkraft sollte aus diesem Grund in einem regelmäßigen Austausch mit den Schulbegleitern stehen und diese über geplante Arbeitsschwerpunkte informieren.
>> Das jeweilige Team muss dafür eine geeignete Form der **Kommunikation** wählen und einen Zeitrahmen festlegen.
>> Die Aufgaben der einzelnen Teammitglieder können somit nach Absprache sinnvoll aufgeteilt werden.

Für den **Kompetenzbereich Lesen – mit Texten umgehen** legt das Team als geeignete methodische Zugänge folgende fest:
>> Die Mehrzahl der Schüler liest den Originalroman, einige Schüler lassen sich von ihren Eltern oder den Mitschülern daraus vorlesen.
>> Der Text wird gemeinsam im Unterricht von einzelnen Schülern vorgelesen. Es werden Fragen zum Textinhalt gemeinsam mit allen Schülern geklärt.
>> Einzelne Schüler lesen eine im Handel erhältliche Kurzfassung des Romans und lesen auch daraus in den gemeinsamen Leserunden vor (siehe Literaturtipp).

4 Classroom-Management im inklusiven Klassenzimmer

- Einzelne Schüler lesen eine von der Förderschullehrkraft erarbeitete Ausgabe in „Leichter Sprache" und lesen ebenfalls daraus vor (siehe Linktipp).
- Einzelne Schüler lesen vorbereitete Wörter oder Texte, die mithilfe des Computerprogramms „Silbengenerator" (siehe dazu auch Kapitel 3, S. 76) farbig gekennzeichnete Silben haben.
- Einzelne Schüler hören ein Hörbuch zum Roman.
- Einzelne Schüler bearbeiten Bild- oder Fotomaterial zum Inhalt der Lektüre.

Medientipps:

Lektüre für leseschwache Jugendliche:
Michaela Greisbach:
Einfach lesen!: – Für Lesefortgeschrittene:
Niveau 1 – Emil und die Detektive
Cornelsen Verlag, 2001.
ISBN 978-3-464-60166-2

Hörbuch:
Erich Kästner:
Emil und die Detektive.
Oetinger Verlag, 2006.
ISBN 978-3-8373-0139-7

Link:
www.leichtesprache.org

Im Folgenden ein Beispiel für einen **gemeinsamen Stundeneinstieg**.

> **Beispiel:**
> Alle Schüler sitzen mit den Lehrkräften im Stuhlkreis. Es geht um die Bearbeitung eines neuen Kapitels.
> Marie, eine Schülerin mit Bedarf an sonderpädagogischer Unterstützung im Bereich Lernen, liest ihre zuvor geübte Kurzfassung eines in der vorherigen Stunde behandelten Kapitels vor. Alle Schüler sind so inhaltlich auf dem gleichen Informationsstand.

Anschließend wird gemeinsam im Roman weitergelesen.
Der aktuell erarbeitete Inhalt wird mündlich zusammengefasst. Hier kann sich Marcel, ein Schüler mit dem Förderschwerpunkt Geistige Entwicklung, hervorragend einbringen. Er kann kaum selbstständig lesen, jedoch gut zuhören, sich Details merken und ausschweifend erzählen.
Nach dieser ersten gemeinsamen Unterrichtsphase, in der **beide Lehrkräfte** nach vorheriger Festlegung **im Rahmen des Teamteaching arbeiten** und **gleichberechtigt** den Unterricht durchführen, arbeiten alle Schüler an differenzierten Aufgaben ihres Arbeitsplanes. **Regel- und Förderschullehrkraft unterstützen einzelne Schüler** bei der Bearbeitung ihrer Aufgaben. **Die Förderschullehrkraft** beschäftigt sich gegen Ende der Doppelstunde intensiv mit Marcel, der die Präsentation seiner Ergebnisse noch einmal üben soll. In der Abschlussrunde, die von der **Fachlehrkraft** geleitet wird, stellen einzelne Kinder ihre Arbeitsergebnisse vor.

Das Differenzierungskriterium „**Selbstständigkeit und Umfang benötigter Hilfen**" (siehe Kriterien nach BÖNSCH in Kapitel 3, S. 56) wird folgendermaßen umgesetzt:

- Einzelne Schüler werden im Unterricht sehr eng durch eine erwachsene Person betreut und begleitet. Dies kann eine Lehrkraft oder ein Schulbegleiter sein.
- Einzelne Schüler benötigen eine Lesehilfe (Lupe), um Texte im Buch oder an der Tafel lesen zu können. Andere wiederum bearbeiten ihre Aufgaben im Rahmen des Nachteilsausgleiches am Computer oder arbeiten im Stehtrainer an ihren individuellen Texten.

- Im Team muss vorher geklärt werden, **wer** für die **Organisation welcher Hilfsmittel** zuständig ist.
- Oft erscheint es auch sinnvoll, über einen begrenzten Zeitraum für einzelne Schüler „Zuständigkeiten" innerhalb des Teams festzulegen, um einen reibungslosen Ablauf des Unterrichts zu gewährleisten.

KOMPETENZBEREICH SCHREIBEN

Im **Kompetenzbereich „Schreiben"** werden andere differenzierende Maßnahmen umgesetzt. Das Differenzierungskriterium **„Quantität und Qualität der Unterrichtsinhalte"** ist hier von entscheidender Bedeutung.

Dies hat Folgen sowohl organisatorisch als auch für die Teamarbeit:

Wenn alle Schüler mit einem **individuellen Arbeitsplan** oder beispielsweise mit einer differenzierten **Lernlandkarte** (siehe Linktipp) arbeiten, hat die **Förderschullehrkraft** die Aufgabe, **diese Unterlagen auf Grundlage der von der Fachlehrkraft entwickelten Vorlage für einzelne Schüler mit Förderbedarf individuell zu erarbeiten**. Sobald dieses Material vorhanden ist, können alle Schüler auch bei Nichtanwesenheit der Förderschullehrkraft an ihren Aufgaben arbeiten, sodass auch in nicht doppelbesetzten Stunden die gemeinsam vorbereitete Arbeit problemlos fortgesetzt werden kann.

Auch **Lernkontrollen** müssen von der Förderschullehrkraft entsprechend vorbereitet und kontrolliert werden. Die Fachlehrkraft hat in der Folge den Vorteil, dass sie eine geringere Anzahl an Klassenarbeiten zu korrigieren hat als in Klassen ohne Schüler mit Bedarf an sonderpädagogischer Unterstützung.

Die Beaufsichtigung der Schüler, die im Rahmen des Nachteilsausgleichs während schriftlicher Aufgaben für die Bearbeitung ihrer Aufgaben mehr Zeit gewährt bekommen, kann nach Absprache beider Lehrkräfte organisiert werden. Dies kann eine **Entlastung der Fachlehrkraft** zur Folge haben.

Linktipp:
Wenn Sie mehr Informationen über Lernlandkarten erhalten möchten, geben Sie einfach das Suchwort Lernlandkarte auf folgender Seite ein:
www.lis.bremen.de

Schüler schreiben Gespenstergeschichten

Das Thema „Geschichten schreiben" ist in den curricularen Vorgaben für den Jahrgang 5 vorgesehen. Als Ergebnis der Unterrichtseinheit haben die Schüler die Aufgabe, eigenständig eine (Gespenster-)Geschichte zu schreiben und zunächst innerhalb ihrer Tischgruppe vorzustellen. Die dort favorisierte Geschichte soll anschließend der

Klasse in einem „Gespenstercasting" vorgestellt und die „Siegergeschichte" ermittelt werden.

Wie können die einzelnen Schüler in dieser Unterrichtseinheit so beteiligt werden, dass jeder von ihnen kompetenzorientiert gefördert wird?

Schüler, die zieldifferent in Anlehnung an die curricularen Vorgaben der Förderschule mit dem Schwerpunkt „Geistige Entwicklung" oder dem Förderschwerpunkt „Lernen" unterrichtet werden,
- erzählen z. B. eine Geschichte, die von einem Erwachsenen aufgeschrieben wird,
- schreiben z. B. mithilfe einer Lehrkraft oder pädagogischen Fachkraft anhand von Reizwörtern einige Sätze zum Thema auf,
- erzählen zu Bildern, die im Zusammenhang mit dem Thema „Gespenster" stehen, und/oder malen dazu,
- bauen die Requisiten für das Gespenstercasting,
- schreiben eine eigene Geschichte, die sie lautgetreu aufschreiben und die anschließend von einer der Lehrkräfte oder dem Schulhelfer abgetippt wird.

Schüler, die zielgleich unterrichtet werden,
- schreiben ihren Fähigkeiten entsprechend unter Berücksichtigung verschiedener bereits genannter Differenzierungskriterien (vgl. BÖNSCH, 2011, S. 71) ihre jeweilige kurze oder auch ausführliche Geschichte auf.
- beraten und unterstützen andere Schüler beim Formulieren ihrer Texte.
- **Alle** Schüler stellen ihre Ergebnisse vor.

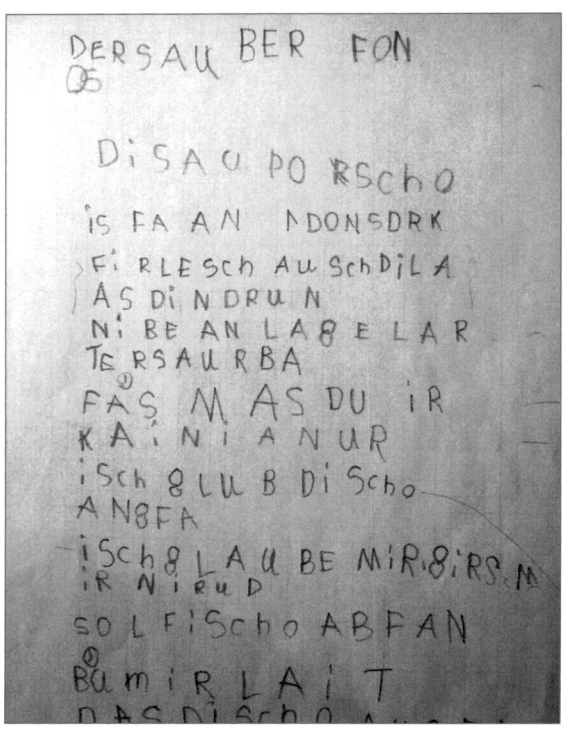

Der Zauberer von Oz. Marcel hat die Requisiten für das Casting gebaut. Dann schreibt er seine Geschichte. Er ist 35 Minuten konzentriert bei der Arbeit. Eine der Lehrkräfte tippt anschließend seine Geschichte ab. Sie wird mithilfe des „Silbengenerators" bearbeitet, und Marcel kann sie selbst der Klasse vorlesen.

- Jeder erhält ein Feedback von den Mitschülern und Lehrkräften nach einem festgelegten Ritual.
- Die Leistung jedes einzelnen Schülers erhält damit Wertschätzung der gesamten Lerngruppe.
- Alle Schüler haben ihre feste Rolle im Gesamtprozess und können ihre jeweiligen Kompetenzen in sehr unterschiedlichen Bereichen erweitern. Sie erhalten ein Feedback über ihre individuelle Leistung durch die Lerngruppe.
- Schüler, die zieldifferent unterrichtet werden, sollten *nicht* nur von der Förderschullehrkraft oder den für sie zuständigen Schulbegleiter unterstützt werden. Die Lehrkräfte sollten ihre Rollen häufiger tauschen. Dies hat den Vorteil, dass der **Kompetenztransfer** zwischen ihnen zügiger stattfindet. Die Schüler merken darüber hinaus, dass beide Lehrkräfte für alle Kinder zuständig sind.

BEISPIELE AUS DEM NATURWISSENSCHAFTLICHEN UNTERRICHT

Der naturwissenschaftliche Unterricht bietet vielfältige Möglichkeiten, um alle Schüler zu fordern und zu fördern. Vor allem die Schüler, die zieldifferent unterrichtet werden, können sich in praktischen Arbeitsphasen einbringen und ihre Kompetenzen erweitern. Oft sind sie es sogar, die besondere Fähigkeiten im (lebens-) praktischen Bereich besitzen und ihre Mitschüler unterstützen.

Besonders zu **berücksichtigen in der Unterrichtsplanung** sind folgende Punkte:
- Fach- und Förderschullehrkraft stimmen die **Grobplanung** der jeweiligen Unterrichtseinheit ab.
- Die Regeln des naturwissenschaftlichen Unterrichts müssen allen Schülern bekannt sein.
- Der **Umfang der benötigten Hilfen einzelner Schüler** ist zu Beginn jeder Unterrichtseinheit gründlich zu klären und manchmal in der Folge personalintensiv, wenn im Unterricht ein hohes Gefahrenpotenzial zu erwarten ist.
- Die Feinabstimmung der Unterrichtsplanung kann anschließend telefonisch oder per E-Mail erfolgen.

In der Regel erscheint es sinnvoll, die Schüler nach einem **gemeinsamen Stundeneinstieg** mit praktischen Anteilen mit differenziertem Material weiterarbeiten zu lassen. Die **Förderschullehrkraft** ist auch hier für die **inhaltliche Differenzierung der Unterrichtsmaterialien** zuständig.

Einheit zum Einsatz des Gasbrenners im Chemieunterricht

Die Klasse 5 hat Chemieunterricht. Es geht im Laufe der Unterrichtseinheit um Emulsionen und Lösungen. Dazu ist es nötig, einen Gasbrenner zu verwenden. Zu diesem Zwecke sollen die Schüler lernen, mit diesem umzugehen.
Die **Fachlehrkraft** übernimmt den **Stundeneinstieg**. Der Gasbrenner wird vorgestellt und die einzelnen Bestandteile werden benannt. D e Förderschullehrkraft unterstützt einzelne Schüler. Sie sitzt neben zweien und sorgt dafür, dass die Aufmerksamkeit der Schüler auf den Unterrichtsinhalt gerichtet ist. Zusätzlich lässt sie

die vom Fachlehrer genannten Inhalte von diesen Schülern handelnd nachvollziehen. Die zieldifferent unterrichteten Schüler zeigen die einzelnen Teile des Brenners und benennen sie noch einmal.

Nach einer Übungsphase mit differenzierten Aufgaben sollen alle Schüler die Gasbrennerführerscheinprüfung ablegen. Sie erfahren, wie der Gasbrenner fachgerecht angeschlossen und bedient wird. Die Schüler machen sich anhand verschiedener praktischer Übungen und schriftlicher Arbeitsaufträge mit der Materie vertraut und schreiben anschließend einen Test zur Erlangung dieses Führerscheins.

Die Förderschullehrkraft ist in zwei von vier Stunden in diesem Unterricht anwesend. Sie erstellt das entsprechende Unterrichtsmaterial für die Schüler mit entsprechendem Förderbedarf und weist die Schulbegleitung in ihre Aufgaben ein.

Torben, ein Junge mit Bedarf an sonderpädagogischer Unterstützung im Bereich Geistige Entwicklung, kann alle Teile des Brenners zeigen und diesen nach entsprechender Übung mit seiner Schulbegleitung richtig anschließen.

Torben hat Angst vor Feuer. Er übt im Unterricht das Anzünden des Brenners in verschiedenen Schritten:

Zunächst erfolgt das Anzünden eines langen Kaminholzes, im zweiten Schritt zündet er damit den Brenner an. Anschließend übt er den Ablauf mit einem normalen Streichholz und mit einem Feuerzeug. Die Mitschüler bestärken ihn und bringen ihm Wertschätzung für seine erbrachte Leistung entgegen. Sie erkennen, dass ihn diese Arbeit Überwindung kostet. Torben hat Selbstwirksamkeit erfahren und arbeitet im Unterricht anschließend motiviert und aktiv mit. So kann er seine lebenspraktischen Kompetenzen erweitern. Den anschließenden Test absolviert er durch praktisches Vorführen. Außerdem bringt er Fotos, die den Aufbau darstellen, in die richtige Reihenfolge. Die Förderschullehrkraft ist in dieser Stunde nicht anwesend, die Schulbegleitung übernimmt eine unterstützende Aufgabe anhand des vorbereiteten Materials.

Seine Mitschüler absolvieren ihre Prüfung schriftlich in differenzierten Tests.

GRUNDSÄTZE FÜR EINEN INKLUSIVEN MATHEMATIKUNTERRICHT

Im Mathematikunterricht des Sekundarbereiches sind die Fähigkeiten und Fertigkeiten der einzelnen Schüler inklusiver Klassen so **unterschiedlich wie kaum in einem anderen Fach**. Während Marcel im Jahrgang 5 im Zahlenraum bis 10 rechnet und Sophia sich im 100er-Raum zurechtfindet, bewegen sich die meisten Schüler der Klasse sicher im Zahlenraum bis zu einer Million. Es ist demnach notwendig, die Balance zu finden zwischen gemeinsamen Unterrichtsphasen am gemeinsamen Thema und anderen Unterrichtszeiten, in denen die Schüler auf ihrem jeweiligen Entwicklungsniveau arbeiten und ihre Fähigkeiten erweitern und vertiefen können. Da die Fachlehrkraft dafür zuständig ist, die Inhalte des Unterrichts gemäß der curricularen Vorgaben auszuwählen, entscheidet die Förderschullehrkraft, welche Inhalte gemeinsam mit allen Schülern in einer Einführungsphase behandelt werden können und wie die Unterrichtsinhalte differenziert fortgeführt werden. Sie entwirft entsprechend der Themen Arbeitspläne für die Schüler, die zieldifferent beschult werden. An diesen können diese Schüler dann fortlaufend arbeiten.

Es hat sich als praktikabel erwiesen, einen **gemeinsamen Stundeneinstieg** zu wählen. Möglich ist beispielsweise eine Kopfrechenphase mit differenzierten schriftlichen Aufgaben für alle Schüler auf ihrem jeweiligen Entwicklungsniveau. Die zieldifferent unterrichteten Schüler erhalten für sie angemessene Aufgaben durch die Förderschullehrkraft. Die Kontrolle folgt in Partnerarbeit. Es ist zu beobachten, dass die Mitschüler sehr ernsthaft an die Kontrolle herangehen, auch wenn einige ihrer Mitschüler Aufgaben bearbeitet haben, die sie selbst als leicht empfinden mögen.

Im Mathematikunterricht können verschiedene Formen des Co-Teachings (siehe auch Kapitel 1, S. 18) zum Einsatz kommen. In den Einstiegsphasen bietet sich nach Absprache zwischen Fach- und Förderschullehrkraft das Unterrichten im Team an. Zeitweise wird die Förderschullehrkraft einzelne leistungsschwächere Schüler unterstützen, während der Fachlehrer die leistungsstärkeren Schüler betreut (ebenfalls bietet sich das Stationenlernen an, in dem beide Lehrkräfte verschiedene Stationen mit differenziertem Material unterstützen. Hier erstellt die Förderschullehrkraft das Material für die zieldifferent zu unterrichtenden Schüler.) Auch der Parallelunterricht ist für einzelne Schüler oder Schülergruppen zeitweise sinnvoll, wenn die Lernvoraussetzungen der einzelnen Schüler stark divergieren.

4 Classroom-Management im inklusiven Klassenzimmer

Es ist in jedem Fall ratsam, zu Beginn jeder Unterrichtseinheit im Team gemeinsam zu überlegen, welche Unterrichtsinhalte mit allen Schülern er- und bearbeitet werden können. WEMBER (2013) unterscheidet fünf Niveaustufen von Anforderungen im inklusiven Unterricht, die vor allem für den Mathematikunterricht zutreffen (vgl. ebenda, S. 381). Zu vielen Themen des Unterrichts ist es möglich, die Schüler auf verschiedenen Ebenen arbeiten zu lassen. Während die meisten Schüler einer Klasse auf dem Basisniveau arbeiten, orientieren sich die anderen vier Niveaus an diesem. Das zentrale Niveau der Basisstufe wird in zwei Varianten ausdifferenziert durch Aufgaben der Unterstützungsstufe, wie der Erweiterungsstufe I. Hier geht es darum, Unter- und Überforderung einzelner Schüler vorzubeugen. Diese drei Niveaus können durch die Unterstützungs- wie Erweiterungsstufe II erweitert werden für Schüler, die besonders erfolgreich lernen, sowie für die Schüler, die z. B. zieldifferent unterrichtet werden.

Wenn die Förderschullehrkraft nicht in allen Unterrichtsstunden anwesend sein kann, können Schüler mit Bedarf an sonderpädagogischer Unterstützung individuell an den von der Förderschullehrkraft vorgegebenen Unterrichtsinhalten arbeiten. Dieses können vorbereitete Wochen- oder Arbeitspläne sein oder es handelt sich um die Weiterarbeit in Einzelprogrammen oder Arbeitsheften, die speziell für diese Schüler auserwählt wurden. In Niedersachsen können dann Pädagogische Mitarbeiter oder auch Schulbegleiter die Aufgabe übernehmen, diese Schüler zu unterstützen.

Die diversen Schulbuchverlage haben sich bereits auf die Anforderungen der inklusiven Schule eingestellt und bieten besonders für das Unterrichtsfach Mathematik vielfältiges Unterrichtsmaterial an.

BEISPIELE FÜR DEN EINSATZ VON LEHRKRÄFTEN IM KLASSEN- UND JAHRGANGSÜBERGREIFENDEN UNTERRICHT

Inklusiver Unterricht in der Sekundarstufe bedeutet nicht zwangsläufig, dass immer alle Schüler zur gleichen Zeit am gleichen Ort und am selben Gegenstand arbeiten.

Für alle Schüler der Sekundarstufe ist es völlig „normal", dass es mit zunehmender Jahrgangsstufe **Unterricht in Form von äußerer Differenzierung** gibt. Alle Schüler wählen ein ihren Neigungen und Fähigkeiten entsprechendes Profil für ihre Schullaufbahn. So wählt Paul Französisch, Lilly Spanisch und Tom wiederum gar keine zweite Fremdsprache. Das Gleiche gilt für Schüler mit einem Bedarf an sonderpädagogischer Unterstützung, die zieldifferent beschult werden.
Marcel erhält zwei zusätzliche Stunden **Schwimmunterricht** parallel zum Fremdsprachenunterricht und nimmt in weiteren zwei Stunden in der Woche am Orientierungs- und Busfahrtraining teil.

Frauke, eine Schülerin mit Down-Syndrom, erhält an einem Vormittag in der Woche **Hauswirtschaftsunterricht**. Dort wird sie gemeinsam mit anderen zieldifferent unterrichteten Schülern aus verschiedenen Klassen und Jahrgängen von einer Förderschullehrkraft unterrichtet, die ihrerseits von Schulhelfern unterstützt wird.

An den Schulen der Sekundarstufe sollte es selbstverständlich sein, dass es spezielle Unterrichtsangebote für diejenigen Schüler gibt, die zieldifferent unterrichtet werden.

Tipp

▶ Bilden Sie in Ihrem Kollegium eine **Arbeitsgruppe**, in der Regel- und Förderschullehrer vertreten sind, und erarbeiten Sie ein schuleigenes Curriculum für die Schüler mit einem Bedarf an sonderpädagogischer Unterstützung in den Bereichen Lernen und Geistige Entwicklung, die zieldifferent unterrichtet werden.

- » Legen Sie **individuelle Förderpläne** zugrunde und orientieren Sie sich bei der Auswahl der Inhalte daran, was diese Schüler für die Verbesserung ihre Teilhabe in der Gesellschaft noch lernen sollten.
- » Beantragen Sie über die Schulleitung anschließend die **finanziellen Mittel** für die räumliche sowie sächliche Ausstattung Ihrer Schule beim Schulträger.
- » Planen Sie die Zusammenarbeit mit **Therapeuten** in Ihrer Region. Bedenken Sie, dass die Zusammenarbeit mit diesen Fachkräften ein wichtiger Bestandteil inklusiven Unterrichts sein kann.

FÖRDERSCHWERPUNKT GEISTIGE ENTWICKLUNG

Angelehnt an das Kerncurriculum in Niedersachsen und die Rahmenrichtlinien für die Förderschule mit dem Schwerpunkt **Geistige Entwicklung** sollten folgende Unterrichtsschwerpunkte für die entsprechenden Schüler verpflichtend sein:

In den Jahrgängen 5–7:
- » Uhrzeit
- » Kalender
- » Umgang mit Geld
- » Einkaufstraining
- » Mobilität
- » Verkehrserziehung
- » Orientierungs- und Busfahrtraining
- » Technisches Werken
- » Hauswirtschaft
- » Motorik

In den Jahrgängen 8–10:
- » Ernährung und Gesundheit
- » Orientierung
- » Ausflüge
- » Freizeit
- » Technisches Werken
- » Haushaltsführung

- Kochen
- Backen
- Textilpflege
- Verbraucherverhalten
- Berufsvorbereitung durch Praktika und Praxistage

In diesen und anderen Unterrichtsbereichen können und müssen die zieldifferent zu unterrichtenden Schüler Angebote erhalten, damit sie angemessen auf ihren späteren Lebensweg vorbereitet werden.
(vgl. http://db2.nibis.de/1db/cuvo/datei/kc_foe_geistige_nib.pdf)

FÖRDERSCHWERPUNKT LERNEN

Mögliche Unterrichtsschwerpunkte für die Schüler mit dem Bedarf an sonderpädagogischer Unterstützung im Bereich „**Lernen**" sollten sein:

In den Jahrgängen 5 – 10:
Angebote in den Bereichen
- Arbeit
- Wirtschaft
- Technik
- Berufsorientierung
- Praktika
- Schnuppertage an der Berufsschule
- Schülerfirma
- Hauswirtschaft und Haushaltsführung
- Praxistage und Praktika in verschiedenen Betrieben

(vgl. www.nibis.de/~infosos/ftp/cuvo/Materialien%20F%F6rderschule.pdf)
Durch die Notwendigkeit, die oben genannten Unterrichtsinhalte im Sekundarbereich für zieldifferent zu beschulende Schüler anzubieten, ergeben sich **zusätzliche Teamkonstellationen**:
- Die oben genannten Unterrichtsangebote können von einer **Fachlehrkraft**, einer **Förderschullehrkraft** oder auch von **verschiedenen Lehrkräften gemeinsam** durchgeführt werden.

- Ebenso können Angebote im Ganztagsbereich in Niedersachsen beispielsweise von den **pädagogischen Mitarbeitern** vorgehalten werden.
- **Schulbegleiter** sind zusätzlich während all dieser Angebote unterstützender Bestandteil der Teams.

In der Stundenplanung der Schule müssen diese Parallelangebote Berücksichtigung finden. Lehrkräfte, die einer Klasse zugeordnet sind, werden in der Folge möglicherweise nicht ihre volle Stundenzahl dort unterrichten können. Auch dies muss zu Beginn eines Schuljahres kommuniziert werden, damit alle Schüler zu ihrem Recht kommen.

FAZIT

Viele verschiedene Jugendliche in einer Klasse – eine Bereicherung, wenn die Lehrenden es verstehen, dem Einzelnen gerecht zu werden! Die Jugendlichen lernen voneinander. Die **Vielfalt an Methoden** und Situationen wird von allen Beteiligten als bereichernd und wohltuend empfunden.

Nach einer ersten nicht einfachen Arbeitsphase im Team werden die einzelnen Lehrkräfte hoffentlich schnell merken, dass Teamarbeit sich auch in der Sekundarstufe eher **als Entlastung denn als Belastung** darstellt, wenn alle Beteiligten offen an die Aufgaben der inklusiven Schule herangehen.

Das Zitat von KURT MARTI (*1921), einem Schweizer Pfarrer und Schriftsteller, bringt eine solche offene Haltung treffend zum Ausdruck:

„Wo kämen wir hin, wenn jeder sagte, wo kämen wir hin, und niemand ginge, um einmal zu schauen, wohin man käme, wenn man ginge."

KONFLIKTE IM TEAM GEMEINSAM LÖSEN 5
(INGE KRÄMER-KILIÇ)

Konflikte machen Angst. Fast alle Menschen haben zu ihnen ein negatives Verhältnis. Mit Konflikten werden unangenehme Gefühle und persönliche Verletzungen assoziiert. Auch schmerzhafte Erfahrungen von Kontaktabbrüchen in privaten und dienstlichen Beziehungen werden als Ergebnisse von Konflikten erinnert. Konflikte sind aber ein selbstverständlicher **Bestandteil des sozialen Zusammenlebens** im Privatleben wie auch im Berufsalltag. Es gilt, sie als solche zu betrachten und möglichst konstruktiv und lösungsorientiert mit ihnen umzugehen. Dass sie in unserem Zusammenhang nahezu unvermeidlich ist, zeigt auch die Übersicht über die Phasen der Teambildung in Kapitel 1 auf S. 20 ff.

Charakter, Temperament und biografische Erfahrungen spielen beim Umgang mit Konflikten eine besondere Rolle. Menschen sind in dieser Hinsicht sehr verschieden, deshalb ist **Konfliktmanagement am Arbeitsplatz** ein notwendiger Teil beruflichen Handelns. Durch die zunehmende Teamarbeit brauchen Lehrkräfte **Fachkenntnisse, Arbeitshilfen und Reflexionsinstrumente**, um im Team gemeinsam Lösungen für Konflikte entwickeln zu können. Diese soll dieses Kapitel Ihnen liefern.

> Konflikte gehören zum pädagogischen Alltag. Sie sind also nichts Ungewöhnliches. Wenn sie fair ausgetragen werden, können sie zur Verbesserung der Teamarbeit führen.

TYPISCHE AUSLÖSER FÜR KONFLIKTE IN PÄDAGOGENTEAMS

> **Beispiel:**
> Eine leistungsorientierte Grundschullehrerin mit langjähriger Berufserfahrung hat zum ersten Mal Schüler mit ausgewiesenem Förderbedarf in ihrer Lerngruppe. Mit 15 Stunden ist eine junge Förderschullehrkraft in ihrer Klasse eingesetzt. Diese hat gerade ihre zweite Ausbildungsphase beendet und freut sich auf die Zusammenarbeit und das Teamteaching mit einer Regelschullehrkraft.

> In der ersten Teambesprechung bringt die Förderschullehrkraft vielfältige pädagogische Ideen über verschiedene Formen der Zusammenarbeit der Lehrkräfte im Klassenraum und über die Bedeutsamkeit des Peerlearnings ins Gespräch ein. Sie schlägt eine regelmäßige Teamsitzung – vielleicht freitags nach dem Unterricht – vor, damit die nächste Woche gemeinsam vorbereitet werden kann.
>
> Die Grundschullehrkraft hört sich diese Ideen mit zunehmend finsterer Miene an. Freitags nach der Schule trifft sie sich eigentlich immer mit ihrem Mann auf dem Wochenmarkt! Inhaltlich nimmt sie keine Stellung zu den Vorschlägen ihrer Kollegin. Vielmehr läuft in ihrem Kopf ein „Film" etwa folgenden Inhalts ab: „Oh Gott, 15 Stunden in der Woche wird sie in meinem Klassenraum sein, jeden meiner Fehler sehen, merken, dass ich oft Disziplinprobleme habe, sie wird mich bewerten, über mich reden, unvorstellbar! Das will ich auf keinen Fall!"
>
> Bisher ging sie davon aus, dass die Förderschullehrkraft in den Hauptfächern die drei „besonderen" Kinder extra in einem anderen Raum unterrichtet. In den restlichen drei Stunden könnte die junge Kollegin ihr im Kunst-, Sport- oder Musikunterricht helfen und sich um die behinderten Kinder kümmern.

Bei dieser Situation handelt es sich um eine **prototypische Situation**, die eintreten kann, wenn Lehrkräfte mit unterschiedlichen Ausbildungsvoraussetzungen und verschiedenen pädagogischen Vorstellungen unvorbereitet aufeinandertreffen.

Beide Teampartner haben offensichtlich **unterschiedliche Vorstellungen** davon,
- wie inklusiver Unterricht zu gestalten ist,
- wie inklusiver Unterricht vorbereitet werden muss,
- wie eine sinnvolle Kooperation stattfinden soll.

In diesem Beispiel bestehen **verschiedene pädagogische Vorstellungen über inklusiven Unterricht**. Die Ausbildungsvoraussetzungen und auch die Einstellungen zur Arbeit sind unterschiedlich. Beide Kolleginnen werden zu Beginn der Zusammenarbeit ihre Vorstellungen über die Durchführung ihres gemeinsamen Unterrichts nicht umsetzen können.

Folgende Haltungen sind in vergleichbaren Arbeitssituationen hilfreich und notwendig:

- professionelle Distanz
- Flexibilität
- Geduld
- Gesprächsbereitschaft.

Beide Lehrkräfte müssen im Beispiel in einer für sie persönlich schwierigen Situation einen **dienstlichen Auftrag**, für den sie bezahlt werden, **gemeinsam** erfüllen. Dazu gehört es, eine Arbeitssituation zu akzeptieren, die aus der Sicht jeder einzelnen Lehrkraft als ungünstig erlebt wird. Das **Anwenden flexibler Strategien**, um sich auf der Ebene der pädagogischen Vorstellungen anzunähern, stellt eine große Herausforderung dar.

In der geschilderten Situation kann die Förderschullehrkraft beispielsweise anbieten, dass sie eine Unterrichtseinheit vorbereitet und die gesamte Lerngruppe unterrichtet. So hat die Grundschullehrerin Gelegenheit, ihre eigene Lerngruppe aus einem anderen Blickwinkel zu beobachten. Vielleicht kann sie dadurch ihre Ängste bezogen auf die Anwesenheit einer zweiten Lehrkraft in ihrem Klassenraum abbauen. Denkbar ist auch, dass die Verantwortlichkeit der Lehrkräfte für einzelne Unterrichtsphasen in der Vorbereitung und Durchführung klar getrennt wird. Der **Download 1.6, Stundenplanung im Team**, hilft Ihnen dabei, die ersten vorsichtigen Schritte bei der gemeinsamen Unterrichtsdurchführung zu gehen.

Bei sehr unterschiedlichen Vorstellungen über die Organisation und zeitliche Gestaltung der Arbeit in einem Team ist es wichtig, dass positiv kommuniziert wird und die **Gesprächsbereitschaft miteinander erhalten bleibt**. Im geschilderten Beispiel ist vielleicht der Montag ein günstigerer Tag für eine Teamsitzung. Der kleinste gemeinsame Nenner ist möglicherweise eine Teamsitzung im Monat und nicht pro Woche.

Die Berücksichtigung der folgenden Tipps kann dabei helfen, dass sich Situationen nicht verhärten. Miteinander im Gesprächskontakt zu bleiben und fachliche Themen mit der gebotenen Vorsicht anzusprechen, ist eine tragfähige Basis dafür, dass sich Lehrkräfte nach einer Zeit aufeinander zubewegen können.

KONFLIKTE IM TEAM GEMEINSAM LÖSEN

Tipps

- Versetzen Sie sich in die Situation Ihres Teampartners,
- akzeptieren Sie seine Entscheidungen als für ihn sinnvoll,
- beobachten Sie Ihre eigenen Gefühle bezogen auf sein Tun,
- erfragen Sie die Gründe für sein Handeln,
- benennen Sie gegenüber dem Teampartner vorhandene Gemeinsamkeiten.

Auch im folgenden Beispiel treffen zwei Lehrkräfte mit unterschiedlichen Vorstellungen über die Zusammenarbeit im inklusiven Unterricht und mit sehr unterschiedlichen Charakteren und persönlichen Eigenschaften aufeinander. Dadurch wird ihre Kooperation doppelt schwierig.

Beispiel:
Ein Regelpädagoge und eine Sonderpädagogin unterrichten gemeinsam in einer inklusiven Lerngruppe im 7. Jahrgang an einer Gesamtschule. Zwei der 22 Jugendlichen sind vom Down-Syndrom betroffen. Im Deutsch- und Mathematikunterricht sind die beiden Lehrkräfte doppelt gesteckt. Beide sind um die 40 Jahre alt. Sie verfügen über langjährige Berufserfahrungen in ihren jeweiligen Schulformen. Inklusiven Unterricht befürworten sie grundsätzlich.
Der Gesamtschullehrer ist ein zupackender, fröhlicher und lebensbejahender Mann. Er vertritt die Auffassung, dass beide Lehrkräfte gleichermaßen für alle Schüler zuständig sind. So erwartet er von der Sonderpädagogin, dass sie, genauso wie er, die gesamte Lerngruppe unterrichtet. Damit erklärt sie sich einverstanden.
Von ihrem Charakter her ist sie eher bedächtig und der ruhende Pool im Team. Sie ist mit Leib und Seele Sonderpädagogin, vor drei Jahren hat sie berufsbegleitend den Förderschwerpunkt Geistige Entwicklung studiert, und die Förderung der beiden Schüler mit Down-Syndrom liegt ihr besonders am Herzen. Beide Jugendlichen stehen kurz davor, sinnentnehmend lesen zu können, und brauchen aus ihrer Sicht gezielte sonderpädagogische Förderung.
Sie befindet sich in einer schwierigen Situation, da sie einerseits dem Wunsch ihres Kollegen nachkommen möchte und andererseits das Gefühl hat, dass sie den beiden Jungen in der Leseförderung überhaupt nicht gerecht

wird. Da sie mit der Unterrichtsvorbereitung für die gesamte Klasse zeitlich stark gefordert ist, hat sie wenig Zeit, um differenziertes Arbeitsmaterial zur Leseförderung vorzubereiten und im Unterricht einzusetzen. Sie wird zunehmend unzufrieden mit der Zusammenarbeit und fühlt sich überlastet und gestresst. Sie ärgert sich darüber, dass sie ihre sonderpädagogische Kompetenz kaum einsetzen kann. Andererseits scheut sie das Gespräch mit ihrem Kollegen, da sie ihn nicht enttäuschen möchte.

In diesem Beispiel liegt ein Konflikt vor, den die Sonderpädagogin mit sich herumträgt.

Beim Versuch, die Merkmale eines Konfliktes zu identifizieren, ist ein Ergebnis der Konfliktforschung hilfreich. Es unterscheidet zwischen **interpersonellen Konflikten** (zwischen zwei Personen) und **intrapersonellen Konflikten**. Diese spielen sich in den Gedanken einer einzelnen Person ab.

Typische intrapersonelle Konflikte in Pädagogenteams beziehen sich darauf, dass Regelschul- und Förderschullehrkraft das Gefühl haben, ihrer eigentlichen Aufgabe nicht gerecht zu werden. **Regelschullehrkräfte befürchten, dass sie den Lehrstoff nicht schaffen**, weil sie zu viel Zeit und Energie für die Schüler mit sonderpädagogischem Unterstützungsbedarf in der Vorbereitung und im Unterricht aufwenden. **Förderschullehrkräfte sehen ihre eigentliche Berufskompetenz nicht wertgeschätzt** und befürchten, dass die Schüler mit Unterstützungsbedarf in einer großen Lerngruppe untergehen und zu wenig sonderpädagogische Förderung von ihnen bekommen.

Beim Ordnen der eigenen Gedanken bezogen auf die Konflikte, die die einzelne Lehrkraft mit sich herumträgt, hilft der **Download 5.1, Konfliktmanagement mit dem inneren Team**. Er ist eine Hilfe, um ein Gespräch mit dem Teampartner, das – auch im Beispiel – unbedingt durchgeführt werden muss, vorzubereiten.

Der **Download 5.2, Checkliste für Kooperationsverhalten**, sensibilisiert für persönliche Eigenschaften der Teampartner. Er benennt Eigenschaften, die der Teamarbeit zuträglich sind, und solche, die sie erschweren. Sie können dieses Download allein oder mit Ihrem Teampartner bearbeiten.

STRATEGIEN UND HILFESTELLUNGEN FÜR SACHBEZOGENE KOMMUNIKATION

Konflikte haben nicht immer so grundlegende strukturelle Meinungsverschiedenheiten wie im vorhergegangenen Abschnitt als Auslöser. Manchmal sind es Kleinigkeiten oder es ist etwas ganz Persönliches, das im Alltag immer wieder unterschwellig für Zündstoff sorgt. Das kann beispielsweise ein bestimmtes Kommunikationsverhalten sein.

Als **Präventionsmaßnahme** gegen die Entstehung von Konflikten werden darum im Folgenden wichtige Grundlagen für eine sachbezogene und **professionelle Interaktion** mit dem Teampartner beschrieben.

- Der **Einsatz von Körpersignalen** (wie Blickkontakt, Mimik, Gestik, Körperhaltung) läuft weitgehend unbewusst ab. Oft sind es Angewohnheiten und unbewusste Verhaltensweisen, welche die Teampartner bei der gemeinsamen Arbeit im Klassenraum aneinander täglich nerven.

Tipps

- Achten Sie auf eine ausgewogene, nicht zu hohe **Sprechtonlage**.
- Wählen Sie ein angemessenes **Sprechtempo**.
- Achten Sie darauf, dass alle Gesprächspartner gleichermaßen **ausreichend zu Wort kommen**.
- Halten Sie **professionellen Abstand** in Gesprächen. Es existieren unausgesprochene Regeln für Nähe und Entfernung in dienstlichen Kontakten. Durch eine angemessene Distanz bringen Sie Wertschätzung zum Ausdruck.
- **Bewusstes, zielorientiertes und ruhiges Agieren** im Klassenraum führt zu Ruhe und Konzentration. Es trägt zu einer entspannten Arbeits- und Lernsituation bei.

- Besprechen Sie wichtige und kontroverse Themen nie zwischen Tür und Angel. Störungen, Unterbrechungen und ein nicht zu Ende geführtes Gespräch können zu Missverständnissen führen. Der Satz „**Lass uns noch einmal in Ruhe darüber reden!**" wirkt wie eine Zauberformel, die hilft, sich besser zu verstehen und Unstimmigkeiten zu vermeiden.

Nehmen Sie sich also für ein solches kollegiales Gespräch **Zeit**. Suchen Sie gemeinsam einen angenehmen, störungsfreien Raum auf. Dadurch kommunizieren Sie **Wertschätzung** und zeigen, dass Sie die Argumente Ihres Teampartners ernst nehmen.

- **Sorgfalt in der Kommunikation** bedeutet vor allem, **zuhören** zu können.
- Spannungsreiche Gesprächssituationen werden entlastet, wenn man sich selbst zurücknimmt. Versuchen Sie, sich zu entspannen und Ihren eigenen Anteil an der Kontroverse wahrzunehmen.
- Befindlichkeiten, eigene Absichten und Arbeitsziele werden authentisch mit **Ich-Botschaften** dargestellt. Diese haben einen Gefühls- und einen Tatsachenanteil und laufen nicht Gefahr, dass der andere sich angegriffen fühlt. Dies gelingt durch Formulierungen, wie z. B.:

- Ich halte es für günstig, wenn wir …
- Mir ist besonders wichtig, dass …
- Nach meiner Einschätzung sollten wir …
- Es gefällt mir nicht, wenn …
- Lass mich meine Argumente darstellen …

- **Fragen** zu stellen, verhilft zu einem besseren Verständnis der Position des Teamkollegen. Durch **Rückformulierungen** wird eine gemeinsame Verständigungsbasis hergestellt. Diese gelingt durch Formulierungen wie z. B.:

- Besonders wichtig ist dir also, dass …
- Ist es richtig, dass …
- Möchtest du mir mitteilen, dass …
- Ich verstehe, dass du besonderen Wert legst auf …
- Zusammenfassend bedeutet das für unsere Arbeit, dass …

- Zu einem professionellen Teamgespräch gehört ein **Gesprächsabschluss**. Er beinhaltet die **Darstellung von Gesprächsergebnissen**, **Einigungen** oder nächsten **Arbeitsschritten**.

HALTUNG BEI SCHWIERIGEN GESPRÄCHEN IM TEAM

Die **sachliche Darstellung** und das **Aushandeln konkurrierender Bedürfnisse** der Beteiligten sollten bei solchen Gesprächen im Vordergrund stehen. Die verschiedenen Ansichten und Meinungen müssen so besprochen werden, dass jeder seine Position vortragen kann und sich ernst genommen fühlt. Das Gesprächsziel ist **das Erreichen einer Lösung** unter weitgehender Berücksichtigung der Positionen und Bedürfnisse der Teampartner, eine sogenannte **Win-win-Situation**.
Manchmal hilft es auch, eine neutrale Person hinzuzuziehen.

TEAMKONFLIKTE GEMEINSAM PROFESSIONELL BEARBEITEN

Bei der Entwicklung eines Teams gibt es verschiedene **Phasen** (vgl. Kapitel 1, S. 20), sie sind durch unterschiedliche Formen von Nähe und Entfernung der Teampartner gekennzeichnet.
Wenn es in einem Team Probleme gibt, kann das besagte Phasenmodell von FRANCIS und YOUNG als fachliche Grundlage bei der Ursachenforschung herangezogen werden. Teamkonflikte sind jedoch nicht einfach nur ein Teil des Teamentwicklungsprozesses, sie haben viele unterschiedliche Ursachen.

Woran erkennt man überhaupt, dass in einem Team ein Konflikt besteht, der bearbeitet werden muss?
Konfliktindikatoren werden auf der **personenbezogenen Ebene** im eigenen Erleben spürbar. Sie treten außerdem auf der **interaktionsbezogenen Ebene** im zwischenmenschlichen Umgang auf und werden **in konkreten Arbeitssituationen** sichtbar.
In der Regel spürt man zu allererst bei sich selbst, dass etwas nicht stimmt. Folgende Indikatoren sind sichere Anzeichen für einen Konflikt:

> fehlende Arbeitsmotivation
> Unwohlsein in Anwesenheit des Teampartners
> Taktieren beim Ansprechen kontroverser Themen
> Angst, ein Problem zu besprechen
> hoher Gesprächsbedarf gegenüber Dritten über die Arbeit
> quälende innere Problemgespräche (intrapersoneller Konflikt).

Je nach eigener **Lebensbiografie** und **Temperamentslage** verhalten sich Menschen im **Umgang mit Konflikten** unterschiedlich. Die folgenden Ausführungen über verschiedene Konflikttypen helfen bei der Selbstreflexion und beim Verstehen eigener – oft unbewusster – Haltungen im Umgang mit problematischen Arbeitssituationen ebenso wie beim Verständnis des Gegenübers.
Es handelt sich um eine stark verallgemeinernde Darstellung. Beim Lesen werden Sie das Gefühl haben, dass Sie dem einen oder anderen Konflikttyp schon einmal begegnet sind – vielleicht ja auch in sich selbst.

Welcher Konflikttyp bin ich eigentlich?

der Kompromissler	⊃ testet vorsichtig, wie weit er gehen kann, um sein Ziel zu erreichen
	⊃ sucht nach tragfähigen Lösungen
	⊃ gibt bei Gegenwind sofort nach
	⊃ akzeptiert, dass es nicht immer ideale Lösungen gibt
der Harmoniebedürftige	⊃ leugnet den Konflikt
	⊃ geht ihm aus dem Weg
	⊃ kann schlecht Nein sagen
	⊃ sieht Menschen positiv
	⊃ hält Streit für schlecht
	⊃ hat seine Mitte gefunden

▶▶▶

der Konfliktfähige	⇒ vertritt seine Meinung offen
	⇒ toleriert andere Meinungen
	⇒ kann Fehler zugeben
	⇒ verfolgt seine Ziele
	⇒ nimmt dabei Rücksicht auf andere
der Streitsüchtige	⇒ versucht, Situationen sofort zu klären
	⇒ muss immer Recht behalten
	⇒ muss möglichst gewinnen
	⇒ traut sich etwas
	⇒ denkt: Schuld sind die anderen
der frustrierte Negaholiker	⇒ sieht alles negativ
	⇒ wehrt Neues ab
	⇒ sieht keine Lösungen
	⇒ bewirkt, die eigene Meinung zu überdenken
	⇒ regt zu überzeugenden Begründungen an

— *(vgl. www.pflegewiki.dewiki/Konfliktgespräch)*

Keiner dieser Konflikttypen ist an sich gut oder schlecht. Die Darstellung soll vor allem zum **Nachdenken über das eigene Konflikthandeln** anregen.

Der eigene Weg, mit Konflikten umzugehen, ist für die jeweilige Person subjektiv sinnvoll. Teamarbeit erfordert einen **lösungsorientierten Umgang** mit Konflikten und die Bereitschaft, sein eigenes Handeln zu reflektieren und weiterzuentwickeln. Während der familiären Sozialisation und im Rahmen bestimmter Familienkonstellationen erlernen Menschen **Handlungsmuster** für den Umgang mit Konflikten. Unbewusst verwenden sie immer wieder die gleichen Muster, um schwierige Situationen zu lösen.

Bezogen auf den zwischenmenschlichen Umgang (interaktionelle Ebene) mit dem Teampartner gibt es **Regeln**, die Sie **in Konfliktgesprächen** unbedingt einhalten sollten. Vermieden werden sollten **Fallen**, die einem solchen Gespräch einen negativen Verlauf geben.

Regeln
das Verhalten beschreiben, nicht interpretieren
Auswirkungen des Verhaltens für sich und andere darstellen
eigene Gefühle benennen
dem anderen Gelegenheit zur Darstellung seiner Sichtweise geben
Ich-Botschaften verwenden (siehe S. 108)
mit eigenen Worten formulieren, was verstanden wurde
Fallen
eine Verteidigungshaltung einnehmen
auf einer Machtposition beharren
Schuldzuweisungen und Verletzungen formulieren
Fehler des anderen darstellen
sich hinter Sachzwängen oder Autoritäten verstecken
eigene Wünsche, Ziele und Bedürfnisse verschweigen
frühere Probleme ausgraben
widerwilliges Nachgeben und Schuldgefühle auslösen

Schwelende, nicht bearbeitete Konflikte wirken sich auf die gemeinsame Arbeit beim Unterrichten aus. **Indikatoren auf der arbeitsorganisatorischen Ebene können sein:**

- Es treten **Missverständnisse** und **Abstimmungsprobleme** im Unterricht auf.
- Die Teampartner halten **Absprachen** nicht ein.
- Das **Beharren auf Regeln** und **unflexibles Handeln** erschweren das gemeinsame Unterrichten.
- Ein Teampartner versucht, seinen **Macht- und Aktionsraum** im Unterricht auszudehnen.
- Es finden **Alleingänge** im Umgang mit Schülern ohne Absprache statt.

Wenn das Gleichgewicht auf der arbeitsorganisatorischen Ebene aus den Fugen geraten ist, empfiehlt es sich, das Gespräch auf der **fachlichen Ebene** zu suchen. Welche Absprachen über die Verteilung von Aufgaben und Verantwortungen gibt es? **Der Download 1.1, Formen der Zusammenarbeit**, bietet eine fachbezogene Grundlage, um über gemeinsame Aufgaben und die Zuständigkeit der Regel- und der Förderschullehrkraft Vereinbarungen zu treffen.

Ein gemeinsamer Blick mit dem Teamkollegen **auf den schulorganisatorischen Rahmen** sollte bei der Suche nach Ursachen für Teamkonflikte nicht vergessen werden. Denn manchmal sind es auch Bedingungen außerhalb des Teams, welche die Arbeit erschweren, wie z. B.:

- **keine Zeit** für informelle Kontakte, weil Pausenaufsichten gegenläufig gesteckt sind
- zu wenige **gemeinsame Unterrichtsstunden**
- ein Kollege unterrichtet viele Fächer, der andere ist nur wenige Stunden in der Klasse
- die Förderschullehrkraft kann aus organisatorischen Gründen nie am **Elternabend** teilnehmen
  etc.

Auf der arbeitsorganisatorischen Ebene identifizierte Probleme sind manchmal relativ leicht zu lösen und verbessern die Arbeitssituationen für ein Team deutlich.

Tipp

Gemeinsam Überlegungen auf der **schulorganisatorischen Ebene** anzustellen und diese der Schulleitung mit der Bitte um Veränderung vorzutragen, schweißt ein Team manchmal neu zusammen.

EIN TEAM TRENNT SICH – KRITERIEN UND ENTSCHEIDUNGSHILFEN

Lehrkräfte tragen gemeinsam die **Verantwortung** dafür, dass die Teamarbeit gelingt. Aus dienstrechtlichen Gründen besteht eine Verpflichtung, den inklusiven Unterricht gemeinsam kontinuierlich zu gestalten und durchzuführen. Und im Zweifelsfall mögen die Schüler der jeweiligen Klasse ihre Lehrenden, haben sich an sie gewöhnt und haben ein Anrecht auf Kontinuität.

Natürlich erwarten auch die Eltern, dass ihre Kinder möglichst über mehrere Schuljahre vom gleichen, eingespielten Lehrerteam unterrichtet werden.

Trotzdem stellen sich Lehrkräfte im Zusammenhang mit der Teamarbeit manchmal folgende Fragen:

- Können wir noch zusammen arbeiten?
- Lohnt sich die Anstrengung der Auseinandersetzung miteinander noch?

> Zweifel und Bedenken an der Qualität des kooperativen Miteinanders und an der Sinnhaftigkeit des gemeinsamen Tuns tauchen in jedem Teamentwicklungsprozess irgendwann einmal auf. Auch sie sind Teil des Alltags der Arbeit in inklusiven Klassen.

Wenig Grund zur Beunruhigung besteht, wenn die o. g. Fragen zu Beginn der Teamentwicklung, in der **Stormingphase** (vgl. Kapitel 1, S. 21) aufgeworfen werden. Auch wenn sie an „schlechten Tagen" und punktuell bei Lehrkräften einer inklusiven Klasse auftauchen, sind sie oft der Komplexität und dem hohen Anspruchsniveau der gemeinsamen Arbeit im Klassenraum geschuldet. Sie können auch in diesem Fall als Teil des ganz normalen Alltags von Teamarbeit bewertet werden.

Schwierig und auf Dauer nicht mehr tragbar ist es, wenn **Konfliktindikatoren** immer raumgreifender werden und **zu innerer Emigration** eines oder beider Teampartner führen.

- Wann ist die Grenze erreicht?
- Wer bestimmt, wann Schluss ist?

Der **Zeitraum eines Schuljahres** sollte veranschlagt werden, um gemeinsam Lösungen für solche schwerwiegenden Konflikte zu suchen. Dies kann mit eigenen Bordmitteln (z. B. mit den Materialien und Tipps dieses Ratgebers) und Ressourcen probiert werden. Aber auch darüber hinaus kann Unterstützung gefunden werden: Es ist generell entlastend für die Teamarbeit, wenn regelmäßig, z. B. im Turnus von sechs bis acht Wochen, die Möglichkeit besteht, externe Unterstützung in Anspruch zu nehmen. Dies kann z. B. eine **selbst organisierte kollegiale Beratung** sein, bei der sich zwei bis drei Teams regelmäßig treffen und schwierige Arbeitssituationen miteinander beraten.

Wenn immer wieder die gleichen oder ähnliche Stress- und Streitsituationen auftauchen, so ist dies ein Zeichen dafür, dass ein Team sich im Kreis dreht. Wenn ein Lehrerteam dann gemeinsam die Entscheidung trifft, dass eine zufriedenstellende und erfolgreiche Zusammenarbeit nicht mehr möglich ist, dann braucht es Hilfe. Diese kann innerhalb der Schule gesucht werden. **Beratungslehrkräfte**, die an der Schule tätig sind, können einbezogen werden. Sie verfügen über fachliche Kenntnisse, um Konfliktgespräche zu moderieren. Diese Aufgabe kann auch die **Schulleitung** wahrnehmen, die insgesamt dafür verantwortlich ist, Strukturen zu schaffen, dass Teamarbeit klappt, z. B. durch **Unterrichtsfreistellung für gemeinsame Teamstunden**.

> Ein Team, das Konflikte bearbeiten muss, braucht Erleichterungen, Zuspruch und Anerkennung für die gemeinsame Arbeit, damit es den Schulalltag weiterhin bewältigen kann.

Regelmäßige Supervision wird im extremen Konfliktfall zur Pflicht! Sie entlastet die Teamarbeit und unterstützt professionelles Handeln. Im Sinne der Wertschätzung von Teamarbeit sollte die Schulleitung die finanziellen Mittel dafür bereitstellen. Bevor sich ein Team trennt, sollte es diese Form der Unterstützung unbedingt in Anspruch genommen haben.

Welche Gründe rechtfertigen es, die Teamarbeit endgültig zu beenden?

Als schwer auflösbar erweisen sich **Probleme, die auf der persönlichen oder der Beziehungsebene** angesiedelt sind. Diese sind das Ergebnis von fehlendem ehrlichen Austausch und von persönlichen gegenseitigen Verletzungen.

Üble Nachrede und Tratsch über den Teampartner gegenüber Dritten, z. B. gegenüber Schülern, Erziehungsberechtigten oder Kollegen, hat fast den Charakter eines dienstlichen Vergehens. Sie ist in jedem Fall ein Anzeichen von **fehlender Loyalität und Professionalität**. Durch ein solches Verhalten wird die Zusammenarbeit auf erhebliche, oft irreparable Art beschädigt.

Wenn in einem Team nur noch übereinander und nicht mehr miteinander geredet wird, so ist dies ein sicheres Anzeichen für **innere Emigration** und **Resignation**. Auch ein völliger **Kontaktabbruch**, bei dem die Teampartner nicht mehr miteinander sprechen, ist ein Anzeichen von Verhärtung der Fronten und Aggression gegenüber dem anderen.

FAZIT

Die **letzte Stunde eines Lehrerteams** hat geschlagen,
» wenn keine vertrauensvolle, kooperative und professionelle Zusammenarbeit mehr möglich ist,
» wenn ein Team professionelle Methoden zur Problemlösung innerhalb des Teams erfolglos angewendet hat,
» wenn schulinterne Unterstützungsangebote durch Schulleitung oder Beratungslehrkräfte erfolglos geblieben sind,
» wenn externe Unterstützungsangebote die Zusammenarbeit nicht verbessern konnten.

Dann ist die Zeit dafür gekommen, dass jeder Kollege eigene berufliche Wege geht.

Wohin die berufliche Reise nach solchen Erfahrungen geht, hängt von verschiedenen Faktoren ab.
Welche Notwendigkeiten zur Teamarbeit bestehen in der jeweiligen Schule?
Besteht weiterhin eine schulorganisatorische Notwendigkeit zur Teamarbeit für die einzelne Lehrkraft?
Oder gibt es die Möglichkeit, eine Pause in der Teamarbeit einzulegen?
Wir sind der Meinung, wie es bereits die alte Volksweisheit nahelegt: „Wohin die Reise auch geht, hängt nicht davon ab, woher der Wind weht, sondern wie man die

Segel setzt". Am Ende dieses Buches soll Lehrkräften Mut gemacht werden, immer wieder nach einer guten Balance zwischen berufsbezogenen Notwendigkeiten, dem Einsatz persönlicher Kompetenzen und der Umsetzung eigener Vorstellungen und beruflicher Wünsche zu suchen. Teamarbeit ist ein wichtiger Teil des Fundaments einer inklusiven Schule.

Sie ist Herausforderung und Chance zugleich. Zum Gelingen wollen wir mit diesem Buch einen Beitrag leisten.

QUELLENVERZEICHNIS UND MEDIENTIPPS

Kapitel 1:

Literatur:

Meltem Avci-Werning, Judith Lanphen:
Inklusion und Kooperatives Lernen.
IN: Rolf Werning, Ann-Kathrin Arndt, 2013.
S. 150–176

Alois Buholzer, Annemarie Kummer-Wyss:
Alle gleich – alle unterschiedlich!
Zum Umgang mit Heterogenität in Schule und Unterricht.
Kallmeyer, 2. Aufl. 2012.
ISBN 978-378-001-056-8

Gabriela Eissele-Studa:
Das persönliche Kooperationsprofil.
www.szh.ch/bausteine.net/f/9009/Kummer_Eisserle.pdf?fd=3.

Dave Francis, Don Young:
Mehr Erfolg im Team.
Windmühle Verlag, 2012.
ISBN 978-3-937444-11-6

Birgit Lütje-Klose, Monika Willenbring:
„Kooperation fällt nicht vom Himmel" – Möglichkeiten der Unterstützung kooperativer Prozesse in Teams von FachlehrerIn und SonderpädagogIn aus systemischer Sicht.
IN: Behindertenpädagogik 38/1999.
Psychosozial-Verlag, 1999.

Wendy W. Murawski:
Collaborative Teaching in Secondary Schools – Making the Co-Teaching Marriage Work!
Thousand Oaks, CA: Corwin Press, Inc. 2009.

Hannelore Muster-Wäbs, Eckhard Spethmann:
Kollegiale Unterrichtsreflexion – eine KUR für die Schule.
Gemeinsam von der Unterrichts- zur Lernkultur.
www.li.hamburg.de

Elmar Philipp:
Teamentwicklung in der Schule.
Konzepte und Methoden.
Beltz-Verlag, 4. Aufl. 2006.
ISBN 978-3-407-25416-0

Wilfried Schley:
Teamkooperation und Teamentwicklung in der Schule.
IN: Herbert Altrichter, Wilfried Schley, Michael Schratz (Hg.):
Handbuch zur Schulentwicklung.
Studienverlag, 1998.
ISBN 978-3-7065-1117-9

Michael Schwager:
Gemeinsam statt einsam!
Ein Unterrichtsteam bilden und gemeinsam erfolgreich unterrichten.
IN: Auf dem Weg zur inklusiven Schule – Lehrkräfte
Ideen und Materialien für Lehrkräfte. Grundwerk Inklusion.
Raabe Fachverlag für Bildungsmanagement, 2011.
(laufend aktualisierte Loseblattsammlung)
Bestell-Nr. R0665-000010

Thomas Vogelsaenger, Wolfgang Vogelsaenger, Stefanie Wilkening:
Grundlagen guter Schulen. Ein Praxisbuch.
Deutsche Kinder- und Jugendstiftung, 2005.
Derzeit vergriffen und nur noch als PDF erhältlich unter:
www.ganztaegig-lernen.de/publikationen
arbeitshilfe-grundlagen-guter-schulen-ein-praxisbuch

Peter Wachtel, Manfred Wittrock:
Aspekte der Kooperation von Grundschullehrern und Sonderschullehrern.
IN: Zeitschrift für Heilpädagogik 4/1990, S. 263–271.
Ernst Reinhard Verlag, 1990.

Rolf Werning, Ann-Kathrin Arndt (Hg.):
Inklusion: Kooperation und Unterricht entwickeln.
Klinkhardt, 2013.
ISBN 978-3-7815-1898-8

Rolf Werning:
Inklusion – Herausforderung und Chance.
Vortrag vom 01. Oktober 2012 im RPI-Loccum.
Als MP3-Version online verfügbar unter: www.rpi-loccum.de/real104.html

Franz Wester:
Leitbild Teamarbeit.
PDF-Beitrag auf www.lis.bremen.de/sixcms/media.php/13/Leitbild%20Teamarbeit.pdf
Landesinstitut für Schulenwicklung Bremen, 2009.

Mike Zergiebel:
Teamarbeit lernen.
Einzelkämpfer im Team – oder wie lernen wir gute Kooperation?
IN: PÄDAGOGIK 1/10, S. 14
Beltz Verlag, 2010.
ISSN 0933-422x

Links

www.neue-schule-wolfsburg.de
www.vielfalt-lernen.de

Kapitel 2:

Literatur:

Meltem Avci-Werning, Judith Lanphen:
Inklusion und Kooperatives Lernen.
IN: Rolf Werning, Ann-Kathrin Arndt, 2013.
S. 150 – 176

QUELLENVERZEICHNIS UND MEDIENTIPPS

Annette Dreier u.a.:
Grundschulen planen, bauen, neu gestalten.
Empfehlungen für kindgerechte Lernumwelten.
Grundschulverband, Arbeitskreis Grundschule, 1999.
ISBN 978-393002-469-8

Inge Krämer-Kiliç:
Voneinander lernen. Methodenarrangements zum Peer-Learning.
IN: Lernchancen. Alle Schüler fördern, Ausgabe 93/94, 16. Jg. Vielfalt gestalten.
S. 72 – 76
Friedrich Verlag, 2013.
Bestellnr. 59117

Hilbert Meyer:
Was ist guter Unterricht?
Cornelsen Scriptor, 9. Aufl., 2013.
ISBN 978-3-589-22047-2

Jutta Schöler:
Eine Schule für alle – auch für Kinder mit besonderen Bedürfnissen.
IN: Wolfgang Schöning, Christina Schmidtlein-Mauderer (Hg.):
Gestalten des Schulraumes. Neue Kulturen des Lernens und Lebens, S. 219 – 233
HEP Der Bildungsverlag, 2013.
ISBN 978-3-03905-922-5

Diethelm Wahl:
Lernumgebungen erfolgreich gestalten.
Vom trägen Wissen zum kompetenten Handeln.
Verlag Julius Klinkhardt, 2013.
ISBN 978-3-7815-1907-7

Links:
www.fromme-linsenhoff.de/neues_lernen/schulbau-lernen.html
www.kvartet.de
www.lernraeume-aktuell.de

Kapitel 3:

Literatur:

Reinhard Bochmann, Ruth Kirchmann:
Kooperatives Lernen in der Grundschule.
Zusammen arbeiten – Aktive Kinder lernen mehr.
NDS Verlagsges., 2006.
ISBN 978-3-87964-307-3

Manfred Bönsch:
Heterogenität und Differenzierung.
Gemeinsames und differenziertes Lernen in heterogenen Lerngruppen.
Schneider Verlag Hohengehren, 2011.
ISBN 978-3-8340-0822-0

mittendrin e.V. (Hg.):
Alle mittendrin! Inklusion in der Grundschule.
Verlag an der Ruhr, 2013.
ISBN 978-3-8346-2431-4

Kerstin Popp, Conny Melzer, Andreas Methner:
Förderpläne entwickeln und umsetzen.
Ernst Reinhard Verlag, 2. Aufl., 2013.
ISBN 978-3-497-02213-7

Karin Salzberg-Ludwig, Gerhard Mattes (Hg.):
Lernförderung im Team.
Cornelsen Verlag, 2011.
ISBN 978-3-589-05188-5

Katharina Sorbe:
Lesekonferenzen.
Differenziertes Material zur Leseförderung. Band 1.
BVK, 2008.
ISBN 978-3-86740-100-5

Reinhard Stähling, Barbara Wenders:
„Das können wir hier nicht leisten". Wie Grundschulen doch die Inklusion schaffen können. Ein Praxisbuch zum Umbau des Unterrichts.
Schneider Verlag Hohengehren, 2012.
ISBN 978-3-8340-1087-2

Links:
http://bildungsserver.berlin-brandenburg.de
www.mathemonsterchen.de
www.medienwerkstatt.de
www.mildenberger-verlag.de
www.paedalogis.de
www.schulbuchkopie.de
www.soziale-kinder-lernen-besser.de
www.verlagruhr.de
www.zaubereinmaleins.de

Kapitel 4:

Literatur:

Manfred Bönsch:
Heterogenität und Differenzierung.
Gemeinsames und differenziertes Lernen in heterogenen Lerngruppen.
Schneider Verlag Hohengehren, 2011.
ISBN 978-3-8340-0822-0

Michaela Greisbach:
Einfach lesen! – Für Lesefortgeschrittene:
Niveau 1 – Emil und die Detektive.
Cornelsen Verlag, 2001.
ISBN 978-3-464-60166-2

Erich Kästner:
Emil und die Detektive/Emil und die drei Zwillinge.
Dressler Verlag GmbH, 2012.
ISBN 978-3-7915-3053-6

Erich Kästner:
Emil und die Detektive. Hörbuch.
Oetinger Verlag, 2006.
ISBN 978-3-8373-0139-7

Inge Krämer-Kılıç:
Voneinander lernen. Methodenarrangements zum Peer-Learning.
IN: Lernchancen. Alle Schüler fördern, Ausgabe 93/94, 16. Jg. Vielfalt gestalten.
S. 72–76
Friedrich Verlag, 2013.
Bestellnr. 59117

Ulf Preuss-Lausitz:
Erfahrung und Kooperation befördern Integration – Lehrermeinungen zum gemeinsamen Unterricht.
IN: Peter Heyer, Ulf Preuss-Lausitz, Jutta Schöler (Hg.):
Behinderte sind doch Kinder wie wir!
Gemeinsame Erziehung in einem neuen Bundesland (Brandenburg).
Wissenschaft & Technik Verlag, 1997. S. 123–150
ISBN 978-3-89685-900-6

Franz B. Wember:
Herausforderung Inklusion:
Ein präventiv orientiertes Modell schulischen Lernens und vier zentrale Bedingungen inklusiver Unterrichtsentwicklung.
IN: Zeitschrift für Heilpädagogik, 10/2013, S. 380–388

Hans Wocken:
Das Haus der inklusiven Schule.
Baustellen – Baupläne – Bausteine.
Feldhaus Verlag, 2013.
ISBN 978-392-540-840-3

Links:
www.leichtesprache.org
www.lis.bremen.de

5. Kapitel:

Literatur:

Thomas Richter:
Umgang mit Konflikten. Unvermeidbarer Teil des Lebens.
IN: Schulmanagement 6/2004. S. 8–10
Oldenbourg Schulbuchverlag, 2004.

Jutta Schöler:
**Leitfaden zur Kooperation von Lehrerinnen und Lehrern –
nicht nur in Integrationsklassen.**
Dieck, 1997.
Bestellnr. des Verlages 110420 (nur noch direkt bestellbar)

Peter Wachtel, Manfred Wittrock:
Aspekte zur Kooperation von Grundschullehrern und Sonderschullehrern.
IN: Zeitschrift für Heilpädagogik, Heft 4, 1990. S. 263–271

Links:
www.pflegewiki.de

Postfach 10 22 51
45422 Mülheim an der Ruhr

Telefon 030/89 785 235
Fax 030/89 785 578

bestellungen@cornelsen-schulverlage.de
www.verlagruhr.de

■ **Rituale und Phasenübergänge in der Sekundarstufe**
... für einen strukturierten Schulalltag
Kl. 5–10, 136 S., 16 x 23 cm, Paperback
ISBN 978-3-8346-2283-9

■ **Lernen mit Projekten**
In der Gruppe planen, durchführen, präsentieren
Kl. 5–13, 156 S., 16 x 23 cm, Paperback, farbig, CD-ROM
ISBN 978-3-8346-0440-8

■ **Der Klassenrat**
Ziele, Vorteile, Organisation
Für alle Schulstufen, 194 S., A4, Paperback
ISBN 978-3-8346-2289-1

■ **Kollegiale Fallberatung in der Schule**
Warum, wann und wie?
Für alle Schulstufen, 100 S., 16 x 23 cm, Paperback
ISBN 978-3-8346-2235-8

Strategien • Tipps • Praxishilfen

Postfach 10 22 51
45422 Mülheim an der Ruhr

Telefon 030/89 785 235
Fax 030/89 785 578

bestellungen@cornelsen-schulverlage.de
www.verlagruhr.de

■ **Mehr Motivation und Abwechslung im Unterricht!**
99 Methoden zur Schüleraktivierung
Kl. 5–13, 144 S., 17 x 24 cm, Paperback,
mit bearbeitbaren Word-Dateien zum Download
ISBN 978-3-8346-2328-7

■ **„Unsere Tochter nimmt nicht am Schwimmunterricht teil!"**
50 religiös-kulturelle Konfliktfälle in der Schule und wie man ihnen begegnet
Für alle Schulstufen, 192 S.,
16 x 23 cm, Paperback, farbig
ISBN 978-3-8346-0969-4

■ **Eine Schule für alle**
Inklusion umsetzen in der Sekundarstufe
Kl. 5–13, 359 S., 16 x 23 cm, Paperback,
farbig, mit Download-Angebot
ISBN 978-3-8346-0891-8

■ **Burnout-Falle Lehrerberuf?**
Infos, Tests und Strategien zum Vorbeugen, Erkennen, Bewältigen
Für alle Schulstufen, 176 S.,
17 x 24 cm, Paperback
ISBN 978-3-8346-2325-6

Strategien • Tipps • Praxishilfen